区域品牌经济发展的理论与实践研究

司子强 著

西北工业大学出版社

西 安

【内容简介】 本书通过对区域经济发展和品牌战略概念的概述，介绍了区域经济发展与品牌之间的关系以及品牌战略与区域经济发展的相互促进作用，并结合国内外有关品牌战略促进区域经济发展的经典案例，通过对不同地区实施品牌战略的作用和积极影响来分析我国区域经济发展与品牌战略实施的现状和存在的问题，并提出解决方案，为区域经济的发展与品牌战略的实施提供借鉴和参考。

本书适用于院校、科研院所从事品牌经济理论研究与教学相关人员，政府经济管理部门从事区域经济、品牌经济实践工作的管理人员和研究人员，企事业单位负责品牌创建与管理的相关人员以及其他对品牌经济理论与实践感兴趣的社会公众。

图书在版编目（CIP）数据

区域品牌经济发展的理论与实践研究/司子强著. —西安：西北工业大学出版社，2019.9
　ISBN 978-7-5612-6540-6

　Ⅰ.①区⋯　Ⅱ.①司⋯　Ⅲ.①区域经济-品牌战略-研究-中国　Ⅳ.①F127　②F279.23

中国版本图书馆 CIP 数据核字（2019）第 182892 号

QUYU PINPAI JINGJI FAZHAN DE LILUN YU SHIJIAN YANJIU
区域品牌经济发展的理论与实践研究

责任编辑：王梦妮	策划编辑：付高明
责任校对：张　友	装帧设计：尤　岛

出版发行：西北工业大学出版社
通信地址：西安市友谊西路 127 号　　邮编：710072
电　　话：(029) 88491757，88493844
网　　址：www.nwpup.com
印 刷 者：陕西奇彩印务有限责任公司
开　　本：787 mm×1 092 mm　　1/16
印　　张：9.5
字　　数：214 千字
版　　次：2019 年 9 月第 1 版　　2019 年 9 月第 1 次印刷
定　　价：38.00 元

如有印装问题请与出版社联系调换

前　　言

　　品牌经济是近年来新兴的一门交叉学科，是建立在企业品牌管理和主流经济学基础上的一个新的研究领域。传统经济学中关于不完全竞争理论的阐述通常终止于产品多样性的分析，至于产品在市场上的销售表现，则主要交由市场营销理论来展开和论述。然而，市场营销中的品牌管理理论往往注重经验研究，或者是采用心理分析的方法来得出相关结论，显然，这样的分析是不充分的。既然品牌是产品的一部分或衍生物，其必然与企业生产决策中产品的成本收益相关，进而与整个宏观经济相关。此外，普遍的企业和产品品牌的兴起和发展，必然对一个地区乃至一个国家总体经济的增长产生正面的促进作用。新增长理论中的内生增长模型已经开始关注产品质量提升对经济增长的作用问题，只不过并没有延伸和扩展到品牌范围加以讨论。为此，本书所涉及的区域品牌经济理论试图将两者联结起来，用较为规范的经济学分析范式来解析市场营销中的品牌管理理论，同时以促进区域经济增长的视角来诠释企业的微观经济行为，即产品品牌的塑造和发展，是如何引致总体经济水平的提高的。

　　另一方面，改革开放以来中国的经济发展在取得举世瞩目成就的同时，经济结构中的一些深层次问题也逐渐显现出来。进入新世纪以来，我国的经济形势发生了极大的变化，从以前的高速增长状态渐渐步入了中高速的"新常态"；而近年来突然爆发的中美贸易摩擦又使我们之前以外贸出口、加工制造为主的工业发展模式遇到了前所未有的挑战。为此，我国的经济发展在未来一段时期内亟待转型。无论是从微观运营还是宏观管理的角度来看，培育和发展自主品牌，构建品牌经济发展模式，都成为应对当前经济形势变化的主要策略之一。

　　企业是品牌经济发展的天然主体和微观基础，如果说在以外贸加工为主的年代还可以通过贴牌生产获取一定的利润，那么在贸易摩擦加剧、劳动力成本上升以及市场竞争白热化的今天，缺乏自主品牌、研发能力及核心竞争力的企业将很难在市场上立足了。同样的，对于一个地区乃至一个国家而言，经济的竞争力来自于企业的竞争力，而企业的竞争力则来自于产品的竞争力。如果没有质量可靠、性能优良、推陈出新的产品抢占市场，没有家喻户晓、享誉国内外的品牌吸引消费者，企业不可能发展壮大并长期经营。因此，本书从企业的微观运营和消费者选择出发，首先分析品牌在消费者购买过程所具有的降低其搜寻成本的作用，即其信息传递的功能；随后从消费心理的角度指出品牌甚至有可能构成产品效用的一部分；基于此，企业实施品牌化战略正是顺应了消费者的需求；一旦企业决定采取品牌化战略，那么就会进入一个新的竞争模式中，此时企业不仅要考虑品牌化的成本和收益问题，还应当考虑如何维持品牌的长期有效性，为此应在产品创新、品牌宣传、渠道建设等方面持续投入。

当区域内众多企业同时或先后采取品牌化行为，那么可以认为区域品牌经济的现象正在发生和发展。全球化时代背景下，区域的产业发展往往表现出产业集聚的现象和特征，区域品牌经济也正是在产业集群中孕育和成长。那么，作为产业政策的供给者和区域经济的管理者，地方政府就应当遵循品牌经济发展的规律来推进相关的制度变迁和制度建设。以上就是本研究的主要理论逻辑和分析思路。最后，本研究尝试通过总结几个典型的区域品牌经济发展模式，以及江苏省的企业品牌对区域品牌经济发展的影响，包括其经验和教训，在定性层面上来验证和阐释上述理论分析。

当然，显而易见的是，本研究的不足之处也有很多。例如未能通过广泛收集企业的品牌经营资料，用数理统计的方式开展计量分析；在将微观的品牌经济理论与区域经济发展理论整合的过程中，其逻辑结构还不够严谨细致；区域品牌经济发展模式的总结也略显武断和粗糙，等等。尽管如此，在品牌经济领域多年的学习和思考，已使笔者逐渐产生了浓厚的兴趣，因此针对上述缺陷和不足，笔者将继续深入研究。正所谓"路漫漫其修远兮，吾将上下而求索"！

写作本书曾参阅了相关文献、资料，在此，谨向其作者深表谢忱。

编者
2019 年 3 月

目　　录

- 第一章　绪论 ………………………………………………………………………… 1
  - 第一节　中国经济发展概况与竞争力问题 …………………………………… 1
  - 第二节　品牌经济视角下的国家经济竞争力提升 …………………………… 3
  - 第三节　品牌经济与商品品牌化 ……………………………………………… 6
  - 第四节　主要研究思路与框架 ………………………………………………… 8
- 第二章　消费者选择与品牌经济模型 …………………………………………… 10
  - 第一节　消费环境的变化 ……………………………………………………… 10
  - 第二节　消费者选择与效用 …………………………………………………… 13
  - 第三节　消费者的品牌选择模型 ……………………………………………… 16
  - 第四节　品牌对于消费者的意义 ……………………………………………… 22
- 第三章　品牌竞争的一般理论 …………………………………………………… 25
  - 第一节　市场竞争与品牌经济 ………………………………………………… 25
  - 第二节　品牌化与非品牌化战略 ……………………………………………… 29
  - 第三节　品牌化战略的收益 …………………………………………………… 35
  - 第四节　品牌化与企业的经营决策 …………………………………………… 38
  - 第五节　企业创新与品牌化决策 ……………………………………………… 45
  - 第六节　企业品牌竞争的理论与模型 ………………………………………… 51
  - 第七节　企业品牌化决策的案例分析 ………………………………………… 55
- 第四章　品牌经济的产业基础 …………………………………………………… 60
  - 第一节　产业经济与产业变迁 ………………………………………………… 60
  - 第二节　品牌经济与产业发展 ………………………………………………… 63
  - 第三节　品牌与产品质量提升模型 …………………………………………… 67
- 第五章　品牌经济与文化创意产业 ……………………………………………… 74
  - 第一节　文化创意产业概述 …………………………………………………… 74
  - 第二节　品牌经济与文化创意产业的关系 …………………………………… 77
- 第六章　区域品牌经济与品牌的区域性 ………………………………………… 81
  - 第一节　区域经济与区域品牌经济 …………………………………………… 81
  - 第二节　产业集聚与区域品牌经济发展 ……………………………………… 88
  - 第三节　中国区域品牌经济的三种发展模式 ………………………………… 94

第七章　经济制度与品牌经济 ··· 100
第一节　制度变迁与经济发展 ··· 100
第二节　促进品牌经济发展的政策与制度 ··································· 105

第八章　区域品牌经济的提升与品牌国际化 ································· 112
第一节　品牌国际化的基本内涵 ·· 112
第二节　品牌国际化的影响因素 ·· 116
第三节　品牌国际化的案例分析 ·· 123

第九章　江苏省品牌经济的兴起与变迁 ······································· 126
第一节　江苏省品牌经济的发展现状 ··· 126
第二节　江苏省区域品牌经济发展的案例分析 ···························· 132

参考文献 ·· 140
后记 ·· 145

第一章 绪 论

第一节 中国经济发展概况与竞争力问题

改革开放以来,中国的经济发展取得了举世瞩目的成就。国内生产总值(GDP)在2010年达到413 030亿元,按可比价计算约为58 786亿美元,中国已经取代日本,成为世界上第二大经济体。从2001年到2015年间,进出口贸易总额由42 183.6亿元增长到245 502.93亿元,共增长了4.8倍。2009年,中国出口总额首次超过美国,成为世界第一大出口国和第二大贸易国。此外,中国制造业的产值在2011年首次超越美国而跃居世界第一,其中,钢、煤、水泥、棉布等200多种工业品的产量均居世界第一位。

但是,中国GDP增速从2012年起开始回落,2012年、2013年、2014年、2015年增速分别为7.7%,7.7%,7.4%,6.9%,这预示着经济增长阶段的根本性转换。中国告别了过去30多年平均10%左右的高速增长(见表1-1)。2014年5月,习近平同志在河南考察时说,中国发展仍处于重要战略机遇期,要增强信心,从当前中国经济发展的阶段性特征出发,适应新常态,保持战略上的平常心态。至此,各界普遍认为中国已经进入了经济发展的"新常态",其主要特征表现为经济增长速度从高速增长转变为中高速增长、经济结构不断优化升级、经济增长的动力从投资驱动和要素驱动转向创新驱动。

表1-1 2001—2017年中国国内生产总值及增长速度　　　　　单位:亿元

年 份	2001年	2002年	2003年	2004年	2005年	2006年	2007年	2008年	2009年
GDP	110 863	121 717	137 422	161 840.2	187 319	219 439	270 232	319 516	349 081
增长率	7.5%	8.3%	10.0%	10.1%	10.4%	11.6%	11.9%	9.6%	9.2%
年 份	2010年	2011年	2012年	2013年	2014年	2015年	2016年	2017年	2018
GDP	413 030	489 301	540 367	595 244	643 974	689 052	743 585	827 122	881 712
增长率	10.4%	10.3%	7.7%	7.7%	7.4%	6.9%	6.7%	6.9%	6.6%

资料来源:根据国家统计局资料整理

经济增长方式的转变,经济结构的调整,为随后"供给侧改革"的提出打下了伏笔。长期以来,我国一直采取"粗放型"的生产方式,过度依赖资源要素的投入,而忽视了科学技术的进步对经济增长的贡献。在市场竞争中则表现出企业创新乏力、产品同质化趋势严重、利润率普遍下降等问题。因此，可以说中国供需关系正面临着不可忽视的结构性失衡，"供需错位"已成为阻碍中国经济持续增长的最大路障：一方面，过剩产能已成为制约中国经济转型的一大包袱；另一方面，中国的供给体系与需求侧严重不配套，总体上是中低端产品过剩，高端产品供给不足。在需求侧，随着人们收入水平的提高，以及生活方式的多元化，人们对各类消费品的需求越来越趋向于个性化、多样化和差异化。因此，从消费层面来看，模仿型排浪式消费阶段基本结束，市场竞争逐步转向质量型、差异化为主的竞争。然而，中国的供给侧普遍呈现出低效率，无法供给合意的市场需求。因此，强调供给侧改革，就是要从生产、供给端入手，调整供给结构，为真正启动内需，打造经济发展新动力寻求路径。既要全面化解产能过剩，也要通过发挥市场机制作用探索未来产业发展方向。

勿庸讳言，中国经济的总体规模已经上升到世界前茅，有些指标甚至一直占据世界第一的位置；但是，我们也应当看到，中国经济的总体竞争力在全世界来看仍然不强。与经济总量不匹配的是，中国经济竞争力的排名却长期停滞不前（见表1-2）。

表1-2 2008—2013年中国全球竞争力排名

年份	2008年	2009年	2010年	2011年	2012年	2013年
中国	30	29	27	26	29	29
经济体总数	134	133	139	142	142	148

资料来源：世界经济论坛2008—2013年全球竞争力报告，http://www.weforum.org/reports.

那么，为何中国经济的总量规模已经跃居世界第二，但总体竞争力排名仍然徘徊不前，不同的学者对此给出了不同的解释。有人认为经济结构的不平衡导致了竞争力不强，为了提升国家经济竞争力，必须加快实施结构调整战略，坚持走协调发展、内外互动、制度创新、配套改革的道路，从需求结构、要素结构、产业结构等多方面入手制定全面、系统的结构调整政策。也有相当一部分学者认为国家竞争力的差距主要归结于企业特别是大企业竞争力的差距，因此，提升国家经济竞争力的根本是提升大企业的竞争力。较为独特的视角则包括了制度经济学的分析，认为制度的落后阻碍了国家经济竞争力的提升；以及创新不足也是影响国家竞争力提高的关键因素，等等。然而，不管从何种角度去解释，一个不争的事实是，国家经济竞争力的根本落脚点还是在于该国企业所表现出的市场竞争力。在市场经济时代，企业是经济活动的主体，政府只有激发出企业的活力，使其在市场竞争中不断赢得更多的市场份额和消费者选择，才能提升总体经济的竞争力。

在经济全面进入"新常态"阶段，仍然需要继续提升经济的总体竞争力；因为无论对于国家的强大，还是人民生活水平的提高，都具有现实而深远的意义。

（1）经济竞争力不提升，就无法提升综合国力。综合国力指标中，本身就必然包含着经济实力。特别是在和平时期，各国都注重经济建设和经济发展，经济实力与经济竞争力在综合国力的评价中将会占有更高的权重。尽管我国经济总量规模已经相当庞大，但着眼于长远的竞争力指标却没有进步。这意味着在今后相当长一段时期内,我国经济在全世界的地位和影响力是令人担忧的。因此,国家和政府从当前开始就应当考虑如何在宏观层面和微观层面共同推进总体竞争力的提升。

(2)经济竞争力不提升,就无法保证持续发展。经济长期稳定增长是宏观经济政策的目标之一,而这样的增长是建立在微观经济主体具有内在的、持久的竞争力的基础之上的。经济学家在分析各个国家经济发展阶段的时候,无不认为要从一个发展阶段上升到另一个阶段,企业的长期竞争力是最为关键的。例如迈克尔·波特认为在经济的最初发展阶段,主要要素驱动企业间的竞争建立在价格的基础之上;到了第二阶段,企业必须提升产品质量并开发更高效的生产流程,此时国家进入效率驱动的发展阶段;最后则是创新驱动阶段,只有企业能够不断地制造出独特的新产品与其他企业竞争,国家才能维持长期的竞争优势[①]。

(3)经济竞争力不提升,就无法提高生活水平。经济发展的最终目的还是增进社会福利,提高人民生活水平。但是,如果没有强大的、持续的经济竞争力,经济发展到一定阶段就会出现停滞甚至倒退,或者进入"中等收入陷阱",因而人们的收入水平和生活水平就无法进一步提高。当前,我国的经济已经进入了罗斯托所说的"走向成熟阶段",如果要再上升到"大众消费阶段"[②],就必须提高经济竞争力和人民收入水平,使人们具有足够的消费能力和消费意愿,从而经济才能进入良性循环的发展轨道。

第二节　品牌经济视角下的国家经济竞争力提升

一、国家经济竞争力的基础是企业竞争力

当前,全世界处于一个相对较长的和平时期,因此国家与国家之间的竞争便主要集中在了经济领域。而一个国家的经济竞争力综合体现在政策制度环境、市场环境、自然资源等方面。世界经济论坛在《2007—2008全球竞争力报告》中指出,决定国家竞争力的十二大支柱包括制度、基础设施、宏观经济、健康与基础教育、高等教育与培训、商品市场效率、劳动力市场效率、金融市场成熟度、技术准备状况、市场规模、企业成熟度、创新。这其中,各类企业作为一国经济的微观基础,是最为活跃也是最为敏感的市场主体。

---

① 迈克尔·波特,泽维尔·萨拉·伊·马丁,克劳斯·施瓦布.2007—2008全球竞争力报告[M].杨世伟,译.北京:经济管理出版社,2009.
② 1960年,美国经济学家华尔特·惠特曼·罗斯托(Walt Whitman Rostow)在《经济成长的阶段》中提出了他的"经济成长阶段论",将一个国家的经济发展过程分为5个阶段。1971年他在《政治和成长阶段》中增加了第6阶段。经济发展的6个阶段依次是传统社会阶段、准备起飞阶段、起飞阶段、走向成熟阶段、大众消费阶段和超越大众消费阶段。

企业的竞争力是上述十二大支柱在微观经济层面的集中反映，企业竞争力的强弱在根本上决定着国家经济竞争力的强弱。因为企业成熟度有利于在生产产品和服务的过程中提高效率，从而提高了生产力，最终提升一个国家的竞争力①。此外，瑞士洛桑国际管理学院和日内瓦世界经济论坛（IMD 和 WEF）早在 20 世纪 80 年代，考虑到跨国公司全球竞争态势，就已经从微观层面理解和定义国家竞争力，认为国家等价于企业系统，国家竞争力实际就是催生企业产品竞争力②。

另一方面，在全球化背景下，竞争性市场经济中的企业以利润最大化为目标，企业为了在开放性的市场竞争中获取利润并长期生存发展下去，就需要不断提高自身在国内和国际市场上的竞争力。因此，从客观上来看，企业除了自身国际竞争力的提高外，还通过生产要素、需求条件、科技创新和传播、推动产业升级和改善微观经济环境、公共制度等方面对国家竞争优势的提升发挥作用。也就是说企业自发的经济行为，在客观上促进了国家总体竞争优势的形成与提升。

二、品牌竞争力是企业竞争力的综合体现

既然一国企业的竞争力奠定了该国经济竞争力的基础，那么又是什么决定和影响了企业自身的竞争力呢？企业竞争理论的先驱迈克尔·波特教授在其经典著作《竞争战略》中提出了行业竞争的五力模型："在任何行业，无论是本地企业还是国际企业，无论是生产产品还是提供服务，竞争的规则总是以五种竞争力量的形式出现的。"这五种竞争力量即进入威胁、替代威胁、客户价格谈判能力、供应商价格谈判能力和现有竞争对手的竞争。波特教授又将这五种竞争力量结合企业战略目标，发展为"竞争战略轮盘"，在轮盘的辐条处包含了市场目标、市场营销、销售、分销、制造、劳动力、采购、研究和开发、财务和控制、产品系列等十种运营能力③。随后出现的核心竞争力理论则进一步地指出应当以最本质的要素来规定企业的竞争内涵，这就是企业的"能力"。而一个企业之所以具备强势竞争力或竞争优势，是因为其具有核心竞争力。判断企业是否具备核心竞争力的三个标准是：①是否具有明显的优势；②是否具有扩展应用的能力；③是否是竞争对手难以模仿的。在现实中，企业的核心竞争力可以表现在企业的核心产品、核心技术、核心业务和核心运营能力等不同层面上。

上述竞争力理论从企业战略管理的角度出发，分析了企业应当如何改进现有资源与要素来提高自身竞争力。在全球化一体化趋势日益明显的今天，全世界大多数国家都已经确立了市场经济体制的主导地位，企业的各种竞争力就会综合地体现在其产品或服务的市场销售情况层面。换句话说，无论是企业的竞争战略、竞争优势还是核心竞争力，都可以通

---

① 迈克尔·波特，泽维尔·萨拉-艾-马丁，克劳斯·施瓦布. 2007—2008 全球竞争力报告 [M]. 北京：经济管理出版社，2009.
② 江海潮. 国家竞争力：经济增长与均衡 [M]. 北京：中国经济出版社，2010.
③ 迈克尔·波特. 竞争战略 [M]. 陈小悦，译. 北京：华夏出版社，2005.

过其产品或服务的市场表现加以检验。从市场的角度来看，企业的产品或服务只有不断地获得消费者的认可和选择，企业才有可能继续扩大规模、开发新产品、占领更大市场等。因此，在当前的市场经济环境下，品牌化已经成为企业应对市场竞争的主要方式。

三、发展品牌经济是国家提升经济竞争力的重要途径

国家的经济竞争取决于企业竞争力，而企业竞争力又在很大程度上依赖其品牌竞争力，从而国家经济竞争力与该国企业的品牌竞争力便形成了极其重要的相关性。当前世界上总体经济实力最为强大的经济体——美国，在历年评选的最有价值的100强品牌中，通常占到60%左右。每一次产业的转型，新兴产业的兴起，都伴随着一批实力强大的品牌的出现。可以说，产业的崛起，就是品牌经济的体现和结果。20世纪初汽车产业开始形成时，涌现出了奔驰、宝马、福特、大众等著名品牌，德国、美国由此走上工业强国之路；到了20世纪60年代前后，家电产业蓬勃发展，索尼、松下、日立、东芝等品牌畅销世界，日本逐步成长为世界经济强国；20世纪90年代以来，计算机信息产业方兴未艾，雅虎、亚马逊、谷歌、苹果、惠普等一大批IT品牌传遍全球，帮助美国重新占领世界经济的制高点……

正因为如此，近年来世界各国都十分重视发展品牌经济和提升企业品牌竞争力。美国早在20世纪90年代克林顿执政时期，就已经提出了"信息高速公路"计划，将未来的信息产业看作是其战略性新兴产业加以扶持。正是在这样的政策导向下，美国的IT产业及其品牌如雨后春笋般发展壮大。通常来讲，各国的产业政策与品牌发展战略是密切相关的。产业政策属于国家宏观的、指导性的发展规划，而品牌发展战略主要属于微观的、战略性的经济行为。在成熟的商业体系中，国家无须制定具体的品牌发展规划，因为企业自身的运营能力以及产业发展前景，注定会推动知名品牌的产生与形成。一旦企业品牌形成之后，基于品牌竞争力而建立起来的企业创新能力、扩张能力、盈利能力等，将帮助企业在全球化的市场竞争中站稳脚跟，并继续发展壮大，这也在客观上构建并提升了国家的总体经济竞争力。但在发展中国家，面对现有的经济竞争格局与形势，大多数企业与发达国家的企业相比，在许多方面都处于相对弱势的地位，在这样的情形下发展品牌，企业必然会遇到更多的阻碍与困难。例如新品牌与成熟品牌的竞争、品牌的境外宣传与推广、品牌的注册与认定等。此时，在发展中国家的市场环境下，着眼于国家经济竞争力的提升，品牌发展已经不仅仅是企业微观层面的经济行为，更是国家总体发展战略的具体体现与要求。发展中国家除了在产业政策层面提倡和鼓励企业创建并发展壮大品牌，更应在具体操作层面上，通过各类行政机构、民间组织等去帮助企业树立品牌意识、发展品牌战略、开展品牌建设。也就是说，发展中国家的品牌经济，必须有国家和政府的介入与推动，才有可能在当前全球化的背景下，与发达国家的强势品牌开展竞争，从而提升国家的经济竞争力。

第三节 品牌经济与商品品牌化

中国经济自从改革开放以来经历了多个不同的发展阶段,从最初的商品经济作为计划经济的补充,到商品经济占主导地位,再到确立市场经济的主体地位,期间经过了许多曲折与反复。与此同时,居民的消费方式也在发生着不断的变化。20世纪80年代初期,由于经济建设刚刚起步,生产能力有限,人们的生活还没有真正从"短缺经济"的困境中走出来。到了20世纪80年代中后期,随着乡镇企业、民营经济的相继崛起,人们的收入水平开始有所提高,对各类消费品的需求也开始增长。但此时消费品的生产却并不能完全满足人们日益增长的物质与精神文化需求,企业生产的产品普遍处于供不应求的状态,此时的市场被称为"卖方市场"。再加上当时人们还没有完全从计划经济的思维方式中转变过来,因此商品品牌化的经营模式与理念便无从谈起。

直到20世纪90年代初期,得改革开放风气之先的广州、深圳等地,由于靠近港台,再加上众多合资企业的影响,率先引入了企业形象设计与规划的经营策略。其中,在香港设有分支机构的中国银行于1986年聘请香港著名的设计师靳埭强设计了一个新的企业标志,并经由总行的批准,随后应用于内地的各个分支机构。这一成功的设计引起了人们极大的关注与热情,内地的很多企业随后开始纷纷效仿。到了1988年,广东东莞黄江保健品厂开始导入企业形象识别系统(CI),设计并注册了"太阳神"的商标和标志。1993年以后,太阳神开始了广告推广策略的调整。由过去企业、商标、品牌三位一体,以凸显企业形象为主逐步转向以凸显品牌形象、以功能诉求为主要目标的广告策略。这个阶段,太阳神的CI实践的内涵已开始突破了传统CI理论所包括的范围,由此形成了具有太阳神特色的"企业三大形象":企业形象、专业形象、品牌形象。企业的三大形象从多个角度诠释了太阳神的核心理念和价值观,使企业的宏观发展迈向多元化的方向,不同品类的产品也形成了区分。同时,品牌形象更加突出,强化消费者对产品的认同,使产品的市场占有率和市场覆盖率得以巩固和发展,太阳神由此步入一个极速发展的时代。在这一时期,企业产值从1988年的数百万元,增长到1990年的4 000万元,再到1992年的12亿元,短短几年内增长了数百倍。[1] 虽然说不能把企业的成功全都归功于企业识别系统的导入,但该企业首先采取这一做法,并取得巨大成功的事实仍然激起了人们的浓厚兴趣,其他的企业相继开始推行和实施。从广东沿海地区开始,企业形象设计和品牌创建的热潮开始向全国各地蔓延。

然而,在这一时期,企业的品牌管理理念大多停留在商标设计与注册的阶段,品牌的

---

[1] 太阳神集团.太阳神品牌历史[EB/OL].(2004-01-01)[2018-10-20] www.apollo.com.cn/about/detail.aspx?code=002004&curid=34&currentcode=002004001

宣传与推广也仅仅是出资投放广告这种简单的策略性行为。因为在这一时期，广告投放的宣传效果极为显著。仍然肇始于东南沿海等地，诸如健力宝、娃哈哈、安踏等品牌通过在各大媒体特别是电视上投放广告，在极短的时间内获得了巨大的品牌知名度；于是，大量的企业纷拥而上，争先恐后地去抢占媒体的优质广告资源，媒体广告费用水涨船高。以中央电视台为例，从1995年开始，由于多个企业争抢黄金时间段广告位，于是电视台顺势推出了招标投放的策略。由于广告的品牌宣传效果明显，各大企业仍然不惜重金进行竞标。于是，以最高价格竞得广告时间段的企业被冠以"标王"的称号（见表1-3）。

表1-3 1995—2007年中央电视台"标王"榜　　　　　　　　单位：亿元

年　份	1995年	1996年	1997年	1998年	1999年	2000年	2001年
品牌	孔府宴酒	秦池酒	秦池酒	爱多	步步高	步步高	娃哈哈
中标价	0.31	0.67	3.2	2.1	1.59	1.26	0.22
年　份	2002年	2003年	2004年	2005年	2006年	2007年	
品牌	娃哈哈	熊猫	蒙牛	宝洁	宝洁	王老吉	
中标价	0.20	1.09	3.1	3.85	3.49	4.2	

资料来源：李自琼，彭馨馨，陆玉梅. 品牌建设理论与实务［M］. 北京：人民邮电出版社，2014.

媒体广告的成功使越来越多的企业相信，品牌建设就是"商标+广告"的简单模式。然而，进入新世纪以来，随着以互联网为代表的新媒体的冲击，传统媒体风光不再。几乎没有一种单一媒体可以像以前那样一呼百应，对消费者产生强大的号召力。在新的市场环境下，有些企业开始重新审视自己的品牌策略，有些企业则仍然寄希望于广告的威力。也就是说，国内的企业对品牌建设的认知开始产生分化，一部分已经开始接受现代的先进的品牌运营理念，另一部分则仍然停留在过去的思维模式中。从表1-3所列出的"标王"中可以看出，有些品牌不注重产品质量及产品更新，一味依靠广告打开市场，反而已经被市场所淘汰；只有那些不断提高产品品质，并且不断研发新产品，注重品牌建设的企业，仍然能够保持品牌的生命力。

如今，我国部分优秀企业的品牌建设已经进入国际化阶段。一些优秀的企业及其品牌开始逐步进入国际市场，例如海尔、联想、青岛啤酒等，还有更多的企业正在摸索自身品牌的国际化之路。然而，也应当看到，由于历史的、现实的原因，我国品牌的国际化程度与发达国家的品牌发展相比，差距仍然十分明显。首先是我国企业的品牌发展历程短。国外很多知名品牌都有百年以上的品牌年龄，这不仅意味着产品品质经过长期的改善，已经十分可靠稳定，同时也表明企业已经形成一套足够成熟完善的品牌运营体系来确保品牌的持久生命力。其次是知名品牌数量相对较少。据较为权威的《福布斯》杂志所公布的2016年全球最具价值的100大品牌排行榜来看，来自美国的企业占据半壁江山，达到52个，其次是德国11个，日本8个，法国6个，其中没有中国企业的品牌，中国真正称得上国际名牌的品牌屈指可数。最后是品牌实力相差悬殊。近年来，虽然中国企业的品牌成长迅速，同时也积累了一定的品牌资产，但与国际品牌相比，仍然存在着较大的差距。福布斯排行榜中，排名前列的谷歌、微软、苹果等，品牌资产均在千亿美元左右，最末的品牌，其资产也达到近70亿美元。而我国企业知名品牌的价值，按国际标准评估，排名靠前的如华为、腾讯等，均在四五十亿美元左右，还有一定差距，其他品牌价值则更低。因此，相比于发达国家的品牌经济，我国企业的品牌发展任重而道远。

第四节 主要研究思路与框架

中国的经济总量已经达到世界第二的水平，并且还在不断的增长；但深入的研究表明，当前的经济增长是以利用闲置资源、部分制度创新、过度投入、牺牲环境等方式获得的。这样的增长显然是低水平的，且是不可重复、不可持久的。为此，必须要使经济发展具有内生的、持久的增长动力，才能保证一个地区或国家具有可持续的经济竞争力。而这种增长动力以及竞争力主要来自于区域内微观经济实体——企业的竞争能力。在当前的市场环境及消费环境中，企业的竞争能力在市场上集中表现为品牌的竞争力。因为品牌不仅体现了企业的创新研发、质量管理以及营销管理等方面的能力，甚至也在一定程度上反映了他们的财务管理、人力资源管理和企业文化管理等方面的综合水平。可以说，品牌的运营及其在市场上的表现，是企业内部管理的晴雨表，是资源综合利用的催化剂，是经济竞争的原动力。

品牌之于企业如此重要，但对于品牌经济的理解与分析，却不能完全从企业经营的角度出发。建立在企业运营层面上的品牌理论研究是当前主流的品牌战略与策略理论，其主要研究内容集中在品牌的创建与发展、品牌的宣传与推广、品牌的扩展与延伸、品牌的忠诚与维护以及品牌的国际化等方面。当然，这些理论来源于发达国家较为成熟的市场经济体系中，他们秉承自由经济的思想，认为品牌的发展纯粹属于企业自身经营管理的事务；然而，在发展中国家，企业面临的竞争环境与发达国家的企业相比截然不同，他们往往处于竞争的弱势，且市场体系不完善，种种因素给他们的品牌发展战略带来了极大的困难与挑战。此时，就需要政府从制度与政策层面去规范品牌发展环境，推动区域性乃至全国性的品牌发展战略，直至壮大一个地区或整个国家的品牌经济实力。

此外，经济学的研究从消费者选择出发，这与当前市场营销的理论不谋而合；品牌理论可以看作是市场营销理论的一个分支，当它与经济学结合起来的时候，仍然需要建立在消费者理性选择的基础上。消费者的需求与购买是企业市场营销的中心与重心，同样也是品牌经济的出发点与落脚点。企业围绕消费者选择开展品牌建设，但利润最大化原则始终是企业存在与发展的条件，两者的整合与统一，是企业品牌经济行为的依据。行业中众多企业的品牌经济行为既有差异性，也有一致性，其表现出来的共性便成为行业或产业的品牌经济行为。政府的品牌经济政策、制度与规划必须适应这样的行为基础，而不是与之相反。本书的基本研究思路与框架如图1-1所示。

　　品牌是现代经济的产物，可以认为是一种新的信息搜集模式，同时也是一种产品增值的过程与结果。因此，首先仍然可以用主流经济学的分析范式进行研究，即品牌在消费者的消费行为中，对消费者的效用产生了哪些影响，而在信息搜寻过程中的影响又是什么。其次，这些影响对产品价格起到了怎样的作用，厂商是如何对这些影响和作用做出反应并进行决策的。随后，同类厂商的集体行动，是如何形成产业现象，形成区域品牌经济特征的。再次，从政府的角度来观察品牌经济的发展过程，哪些是市场无法解决或者市场失灵，政府通过制度供给来促进品牌经济的发展。

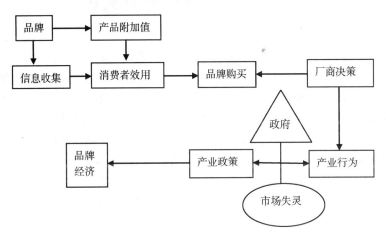

图1-1　本书的研究思路与框架

第二章　消费者选择与品牌经济模型

第一节　消费环境的变化

可以说，自从人类形成社会文明意识以来，就一直面临着无数与选择相关的问题。到了今天这样一个市场经济的环境中，人们的很多生活问题都需要通过购买来解决，于是他们面临的选择问题就更加地突出了。卡斯·桑斯坦（Cass R. Suntein）认为，"选择往往是一种特别的收益，是一种福音，但也有可能带来沉重的负担，成为一种诅咒。对我们来说，时间和精力都是珍贵的商品，即使处于利益攸关的时刻，我们也难以做到对一切都保持专注。如果我们必须就所有与我们有关的事情做出选择，那将使我们不堪重负。"[①] 所以，到底是消费者自己主动地做出选择，还是采用一种变通的方法来替代自主的选择，是现代人在消费和购买时经常面临的一个问题与困惑。而这些都是由于当前消费环境的变化所引起的。

一、生活消费品日益丰富

自第二次世界大战以来，西方世界的工业品生产得到了迅速的恢复和发展，由此人们的生活消费品日益丰富，其数量和种类甚至呈现出"爆炸式"的增长。人类行为和社会学家施瓦兹（Schwartz）指出，当代大部分市场上产品的数量极为庞大，而且近年来还呈指数级增长态势。营销专家特劳特罗列了最近数十年部分商品类别数量的变化，见表2-1。

表2-1　商品型号与种类的变化

商品项目	20世纪70年代早期数量/种	20世纪90年代晚期数量/种
汽车型号	140	260
电脑型号	0	400
软饮料品牌	20	87
牛奶品种	4	19
杂志名称	339	790
网站	0	4 757 894
跑步鞋样式	5	285

资料来源：孙曰瑶，刘华军. 品牌经济学原理 [M]. 北京：经济科学出版社，2007：3-4.

---

① 卡斯·桑斯坦. 选择的价值：如何做出更自由的决策 [M]. 贺京同，等，译. 北京：中信集团出版社，2017.

我国的情形与此类似。在计划经济时代，由于社会生产力不发达，人们的生产积极性不高，导致了生活消费品无论是在数量还是品种上都极为匮乏，这种状态也被称为"短缺经济"。随着计划经济时代的终结，商品经济和市场经济制度逐步确立，社会生产力得到了空前的释放，人们的生活消费品在数量、类别和品种等方面呈现出井喷式的增长。

除了有形消费品之外，旨在满足人们精神文化层面消费的各类服务性消费品同样蓬勃发展，如影视娱乐、游戏动漫、旅游休闲以及体育健身等商品与产业层出不穷。随着收入水平的提高以及消费观念的变化，人们的生活方式变得越来越多样化。当前，我国已经成为世界第二大旅游输出国，2014年出境游超过1亿人次，海外消费额达1 648亿美元。不同的生活方式，意味着消费者需要购买更多的商品；而每次商品的消费，都有可能面临着选择的问题。

二、信息爆炸与大数据

随着互联网技术的发展，人们逐渐开始进入被信息数据包围的年代。每个人日常生活的一言一行、一举一动，都有可能变成计算机数据和信息，而被录入各种终端、服务器之中。与此同时，全世界范围内大量的大型计算机、服务器、数据交换机等，自身也在不断地处理和产生巨量的数据信息。据统计，大型强子对撞机（LHC）在2010年总计产生了13PB（1PB＝1 048 576 GB）的数据；沃尔玛超市每小时处理超过100万个用户业务，这些数据被导入数据库后将包含2.5PB的数据量，是美国国会图书馆数据量的167倍；Facebook从其用户端处理400亿张图片；互联网上的数据每年将增长50%，每两年翻一番，而目前世界上90%以上的数据信息是最近几年才产生的[①]。可以说，当今世界的人们已经处在信息的海洋、数据的时代。

除了信息与数据的产生之外，人类通过计算机与互联网技术对信息数据进行处理的能力也在不断的增长。当前，大型计算机的运算能力已经达到上百万亿次每秒，再加上云计算、虚拟化处理等先进技术的运用，人类已经构建起了一个数据产生和运用的强大网络系统。由此，大数据（big data）的概念应运而生。而且，当前的数据产生及处理已经不再局限于少数一些行业，而是渗透到了几乎所有行业。例如传统的农业也有可能通过数据信息的运用进行选种、播种、灌溉、收割、储藏乃至销售。具体到商业领域，越来越多的企业开始根据消费者的消费习惯、购买特征、购买内容等去挖掘更多的信息数据，然后利用这些信息数据进行更有针对性的、更精确的营销和销售。

然而，面对如此海量的信息与数据，消费者在不借助计算机的情况下，其处理能力是十分有限的。研究表明，人们的头脑一次最多只能抓取7种独立的信息。也就是说消费者并没有因为信息爆炸和大数据的到来而强化了自己的决策模式，同时也没有完全脱离信息不对称的境况。大量信息和数据的产生与扩散，反而使消费者的决策变得更加复杂和困

---

① 徐晋. 大数据经济学［M］. 上海：上海交通大学出版社，2014.

难。从心理学角度来看，人们面对这样的情况，在处理外部信息时通常会采取简化原则，将最容易记忆和识别的元素提取出来，并以此作为决策的依据。基于这样的认识，艾尔·里斯和杰克·特劳特在1969年提出了定位理论，指出企业应当通过各种传播方式为品牌在消费者心目中确定一个位置，使消费者在需要解决某一特定消费问题时，能够迅速联想到这一品牌。

三、消费者生活节奏加快

进入21世纪以来，汽车、高速铁路、移动互联网在给人们带来生活便利的同时，也极大地提高了人们工作与生活的节奏。自20世纪80年代我国开始出现私人汽车，到2003年社会保有量达到1 219万辆，2010年突破7 000万辆；截至2016年末，私人汽车保有量达到16 599万辆。私人汽车的普及深刻地改变了人们的生活方式，加快了人们工作与生活的节奏。与之相应的是高速公路里程的不断增加。截至2016年末，我国高速公路总里程达到13.10万千米。除此之外，速度更快的高速铁路和民航业务在近年来也飞速发展。我国的高速铁路自2008年开通第一条线路以来，10多年间高速铁路运营总里程已经达到2.2万千米，列车速度超过300千米/时。全国民航在2016年完成旅客运输量4.88亿人次，比上年增长11.8%。各种交通运输方式不仅在规模上持续增长，在速度上更是节节攀升。

无线通信、互联网、移动互联网的兴起，则给人们的沟通方式带来了根本性的变革，将现代化的通信与联络活动变得无比方便快捷。在2012年，人们每分钟发送的电子邮件就超过了2.04亿封。到了今天，全世界已经拥有超过60亿部的移动电话，每天有成千上万的人通过移动终端来传送信息，而这种信息传播速度接近于光速，即30万千米/秒。新技术、新设备的出现和应用，一方面使得人们在物理空间上的移动和交流变得更加方便和快捷，但在另一方面也加大了人们的焦虑情绪。快节奏的工作和生活方式，需要人们时时刻刻做出迅速而准确的决策，然而，由于人类的决策能力是有限的，根本无法在所有事情上做出符合理性及正确的决策。因此，人们只有通过权衡不同事物的机会成本，来放弃某些并不重要的决策，或者说，加快或者简化某些事情的决策过程，例如消费决策。

四、消费水平不断提高

衡量一个国家消费水平的高低常用的一个指标是恩格尔系数（Engel's Coefficient）。通常，恩格尔系数越低，表明该国的消费水平越高。近年来，我国的恩格尔系数逐年下降，2016为30.1%，比2012年下降2.9个百分点，接近联合国所划分的20%~30%的富足标准。另一方面，居民消费支出的绝对金额也在不断增加，特别是进入21世纪以来，表现在日常消费支出方面，人均消费支出逐年增加（见图2-1）。

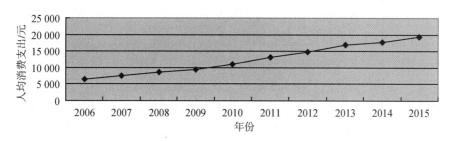

图 2-1　2006—2015 年人均消费支出

资料来源：根据中华人民共和国国家统计局数据绘制

由图 2-1 可以看到，截至 2015 年，我国年人均消费支出已经接近 2 万元，按可比价计算超过 3 000 美元，已经达到了联合国所划分的中低收入国家的水平。在这一阶段，汽车消费、休闲消费、健康消费逐渐成为人们的日常消费对象和模式。消费水平的提高，促成了日常消费品的品牌消费趋势日趋形成。

当然，尽管在消费领域取得了上述一些进步和发展，但同样也应当看到，抑制居民消费升级的各类因素仍然十分突出，例如社会保障制度不完善导致居民储蓄率居高不下；住房价格不断上涨扭曲了居民消费结构；市场监管不完善抑制居民购买国产高品质商品的热情；等等。而这些，都需要在经济发展过程中不断改进，才能促使有利于品牌消费环境的真正形成。

第二节　消费者选择与效用

一、基本的效用理论

新古典经济学在讨论消费者选择时，首先使用基数效用论来分析，杰文斯、瓦尔拉斯、马歇尔等人认为，效用如同重量和长度，是可以用基数 1，2，3……来计量的，并且可以加总求和。效用就是消费者在消费某种商品时获得的满足感，这种满足感随着消费商品或劳务数量的变化而变化。如果令效用为 U，各种商品数量分别为 q_1，q_2，q_3，$\cdots$，q_n，则效用函数为

$$U = f(q_1, q_2, q_3, \cdots, q_n)$$

边际效用则是指消费者每增加一单位商品消费，所得到的效用增量。并且，大多数商品都存在着边际效用递减的规律，即

$$MU = \frac{dTU}{dq} > 0$$

$$\frac{dMU}{dq} = \frac{d^2 TU}{dq^2} < 0$$

然而，后来的研究者发现，消费者在购买某种商品时，并不必然知道该商品的效用水平是多少，用信息经济学的理论来讲，消费者相对于厂商，是信息不完全或信息不对称的一方。所以，经济学家又发展出了序数效用论来弥补这一缺陷。序数效用论者认为，消费者并不一定要知道某种商品的效用水平是多少，他只要能够比较出不同商品的重要性就可以了。例如，当消费者面临着苹果、香蕉和葡萄三种商品需要购买时，他只要能分清哪一种愿意优先购买、哪一种其次、哪一种最后，就可以分析出他的选择行为。和基数效用论者类似的是，序数效用也用效用函数来分析问题，只不过这里的效用函数表示的是优先程度，而不是效用数量。最后，两者得出了相同的消费者均衡结论，即

$$\frac{MU_X}{P_X} = \frac{MU_Y}{P_Y} = \lambda$$

也就是说，只要消费者认为边际效用与价格之比相等，消费者就会在两种商品之间停止切换，此时消费者在每种商品上所花费的最后一单位货币所带来的边际效用相等，消费者获得最大的效用满足。

综合地分析基数效用论和序数效用论可以发现，相对于现实情况，这两者仍然存在着许多与实际不相符的限定条件。首先，效用从根本上来讲是一种个体的、私下的感受，每个人的效用感知可能都不一样，因此也就不存在一种统一的标准来衡量不同商品的效用，从而也就无法比较不同消费者选择某种商品时所愿意付出的代价。其次，商品效用从性质上来讲，是存在本质区别的，大多数不同种类的商品其作用根本无法相互替代。例如当某个消费者要去购买牙膏和薯片这两种商品时，他必然知道这是两种不同效用的商品，而且他也确定当时他需要这两种商品，不可能为了其中一种商品而放弃另外一种。唯一的可能是，在预算约束条件下，为同时得到两种商品，消费者会选择更为廉价的品牌而已。再次，如果按照序数效用论的说法，消费者总是能够将商品的偏好程度进行排序；但事实上，且不论消费者在其一生中偏好会发生改变，即便是在不同的情境下，也并不一定会按照自己的偏好去购买商品。最后，在现代社会，随着商品数量日益丰富，消费者所面临的更普遍的问题并不是在不同商品之间做出选择，而是在同一种商品的不同品牌之间做出选择。新古典经济学从未去分析决定这种选择的标准或者依据到底是什么，如果仍然用效用来解释，显然是行不通的，因为同一种商品的效用在他们看来是完全一样的，所以也就不需要进行选择。

二、可以比较的品牌

如前所述，在商品日益丰富的今天，同一种商品可能具有多个品牌。无论是家用电器、汽车、家具等耐用消费品，还是饮料、方便食品、化妆品和洗漱用品等快速消费品，在市场上都同时存在着多个品牌共同竞争的局面。而且，其中有些商品在物理属性上几乎是没有差别的。例如，对于大多数一般消费者而言，如果去除纯净水的包装，将它们分别倒进两个完全相同的玻璃杯里，他是根本无法区分一杯水是 A 品牌还是 B 品牌的。也就是

从效用的角度来讲,这两个品牌的纯净水对消费者来讲是完全一样的,也就不存在选择问题。然而,在现实中观察到的现象却并非如此。在超市货架面前,消费者的选择并不是随机的,而是表现出明显的偏好。也就是说,在超市中,有的纯净水品牌销量明显高于其他一些品牌。否则,如果是随机的,各品牌纯净水的销量应当是非常接近的。所以,对此唯一可以解释的,就是商品的品牌是可以进行比较的,同时消费者对不同的品牌有着不同的偏好。所以,与其说消费者是在商品与商品之间进行选择,不如说他们是在品牌与品牌之间进行比较。

在商品效用几乎完全相同的情况下,品牌之所以能够进行区分和比较,是因为它能够传递更多的信息。其中,有些信息是客观的,例如商品名称、规格、产地、成分等;有些信息是主观的,例如感觉、口味、流行性等。在主客观信息的共同作用下,品牌很好地解决了效用论无法解决的一些问题,即消费者的私人感受与商品/品牌选择。即便是信息无法完全获得的情况下,消费者也会根据以往的消费经验或者习惯,做出选择的决策。赫伯特·西蒙(Herbert A. Simon)认为人是介于完全理性和非理性之间的"有限理性"人。人们在进行决策时,既不可能掌握全部信息,也无法认识决策的详尽规律。人的价值取向并非一成不变,人的目的往往是多元的,有的甚至是相互抵触的,没有统一的标准。因此,作为决策者的个体,其有限理性往往限制他做出完全理性的决策,而只能尽力追求能力范围内的有限理性。决策者在决策中追求满意标准,而非最优标准。因为人们的能力有限,所以无法列出所有备选方案,并选择其中的最优方案。人们往往满足于用简单的方法,凭经验、习惯和惯例去办事[1]。基于这一判断,可以认为消费者的购买决策通常不是一个效用最大化的过程,而是一个满意最大化的过程。

三、选择的困难

随着商品数量和品种的增多,消费者的选择决策反而变得困难了。他们需要花费大量的时间和精力去收集、整理、分析和评价各种信息,同时这样的情形反而使他们变得怀疑、焦虑,甚至恐惧。行为经济学的研究表明,当消费者面对的可供选择的商品数量增多时,他们会倾向于简化其选择模式,甚至是不做出选择,即放弃购买。这和通常所认为的商品大量陈列能够增加总体销售量的观念大相径庭。即便是商品信息是容易获得且极其丰富的情况,也仍然没有改变消费者的这一决策模式。如上所述,生活节奏的加快,造成了人们的时间压力。而信息量的爆发式增长,并没有帮助人们更好地进行决策。当人们被迫在复杂的替代选择之间进行比较并在其变化多端的各种特点之间进行权衡时,自身的情绪将逐渐变得烦燥和紧张,于是只能推迟或者回避决策。

另一方面,由于生活水平的提高,以及城市化和市场经济的推进,当前我国越来越多的居民日常需要购买的商品日益增多,因此每天每时每刻都要做出各种各样的购买决策。

---

[1] 王文举. 诺贝尔经济学奖获得者学术思想举要 1969—2010 [M]. 北京:首都经济贸易大学出版社,2011.

在这样的情形下,消费者如果要使其每次决策都变成理性的、最佳的选择,这显然是不可能的。无论是理论的研究还是现实的观察,都验证了消费者的决策存在着系统性的误差,特别是当他们面临各种外在或内在的不确定性环境时,更容易做出偏离效用最大化的购买与消费决策。

从上述分析可以看到,消费者单纯地进行商品品种和数量的选择已经变得日益困难,越来越多的消费者为了避免这种购买选择时的困惑,正试图采用各种简化的选择模式,于是根据以往经验和易得的外在信息而进行品牌选择在消费者购买过程中变得日益常见。

第三节 消费者的品牌选择模型

一、影响品牌选择的因素

那么,决定消费者选择同一种商品的不同品牌的决定因素到底是什么,这些因素是否具有经济学的意义呢?影响消费者品牌选择的因素有很多,然而要理解此类因素的影响过程,还需要从消费者的决策过程出发进行分析。

消费者行为学的研究认为,消费者的决策过程如图2-2所示。

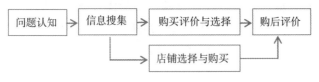

图2-2 消费者决策过程

从这一消费者行为模型可以看出,消费者在特定的资源约束下,试图以一种符合自身的方式生活。于是,消费者的自我形象和生活方式导致了与之相一致的需要与欲望的产生,而在现代社会的市场经济条件下,这些需要与欲望大部分将通过消费来实现和满足。一旦消费者意识到需求、欲望、情境等问题的产生,消费者决策过程就将被启动。而在这一过程中,影响消费者决策过程的因素主要包括内部与外部两类,见表2-1。

表2-1 影响消费决策过程的外部因素与内部因素

外部因素	内部因素
文化、亚文化、人口统计因素、社会地位、参照群体、家庭、市场营销活动	知觉、记忆、动机、个性、情绪、态度

显然,如果从经济学的理论和角度来看,要把所有的这些因素或参数纳入一个模型中去分析,似乎是有难度的。首先,因为其中有些参数根本无法量化,例如文化、态度、个性、情绪等;其次,其中很多因素并不是相互独立的,而是存在着明显和必然的相关性,

例如文化与动机、个性与情绪等。因此，目前虽然已经能够大致地区分影响消费者购买或品牌选择的相关因素，但还不能据此而建立一个统一的模型，仍然需要其他的一些变量和模型来分析消费者的品牌选择行为。

二、购买决策与信息搜寻模型

无法仅仅依据上述因素来构建出消费者品牌选择模型，并不等于说这些因素对于消费者选择模型是无效的。首先，如果从定性的角度逐个去分析这些影响因素，仍然会发现它们对品牌选择会产生特定的影响。其次，在消费者采取购买行为之前，他们会主动或被动地搜寻与商品相关的信息。此时，上述因素对消费者的信息搜寻行为也产生了不同的影响。信息搜寻过程如图2-3所示。

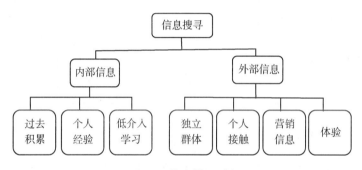

图2-3 信息搜寻过程

研究者发现，在大多数情况下，消费者以内部信息作为其主要的信息来源，也就是说其信息获取主要是先验的，信息成本暂时非常小；随后，在某个时点上，当消费者发现仅凭内部信息已经不足以帮助他们做出决策时，就需要通过搜寻外部信息来解决问题了。

然而，外部信息的搜寻通常是有成本的，这些成本包括货币成本，如交通费、通信费和误工费等；同时也包括非货币成本，如体力与心力的损耗、时间成本、放弃休闲娱乐的机会成本等。通常情况下，消费者在信息搜寻过程中需要付出各种成本，并且这些成本本身并没有给消费者带来效用；消费者之所以愿意花费这些成本或代价去搜寻相关的品牌或商品信息，是因为他们认为最终购买所获得的收益可以抵消这部分成本。假设只考虑信息搜寻过程中的时间成本，则信息搜寻的成本函数为 $C_S = f(t)$。再假设信息搜寻的获益就是以更低的价格购买到更好的品牌，则收益函数为 $R_S = Q_b f(P_b)$，其中 Q_b 是某品牌的购买数量，P_b 是某品牌商品的价格，于是，总收益函数为

$$TR_S = R_S - C_S$$

用图形来表示，如图2-4所示。其中，向右上方倾斜的细实线是信息搜寻的成本，随着时间 t 的增加而增加，而收益曲线是哪一条呢？基本的推测是 R_S。既不可能是短点虚线 R_{S1}，因为如果是这条虚线的话，在 t_0 时刻，总收益就已经达到最大，随后总收益逐渐缩小直至

t_2 时刻的 0（$R_S = C_S$），这意味着消费者越是搜寻信息，收益越小。如果是这样的话，那么他会在一开始就停止搜寻信息。当然，也不可能是直虚线 R_{S2}，因为这表明随着时间的推移，只要消费者不停地搜寻信息，他总会获得更高的收益。显然，在现实中没有谁为了购买某种商品而没有止境地搜寻信息。所以，最有可能的收益曲线应该是位于搜寻成本曲线上方的一条拱形粗实曲线 R_S，这条曲线告诉我们，消费者搜寻信息的收益随着他所花费时间的增加，最初是增加的；但当过了某一个时点，例如 t_1 点，收益就会逐渐减小。此时再来看总收益曲线（见图 2-5），在 t_0 时刻，消费者未开展信息搜寻，所获得的收益为 0；到了 t_1 时刻，消费者进行了有限的信息搜寻，而获得了最大的收益；如果消费者继续进行信息搜寻，则收益开始下降直至最后为 0。

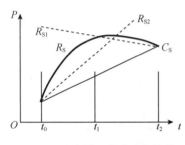

图 2-4 信息搜寻的成本与收益

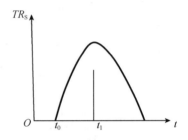

图 2-5 信息搜寻的总收益

一项历时 40 年且涉及两大类产品、四项服务、两个国家的实证研究支持了这一分析。把美国和澳大利亚两个国家的消费者按照外部信息的搜寻程度分为不搜集信息者、有限信息搜集者、大量信息搜集者三种类型，研究表明，在电器、汽车、专业服务等商品的购买过程中，将近半数的购买者从未进行信息搜寻，有 1/3 的人进行有限的信息搜寻，而只有约 12% 的人才会进行大量的信息搜集。在这里，虽然进行有限信息搜寻的消费者数量不是最多的，但的确明显多于大量信息搜集者。至于多数购买者并不进行外部信息搜集，是他们没有察觉到由此会带来很大的利益[1]。

三、信息搜寻本身具有效用

因为人类的行为是复杂多样的，那么，是否有可能存在着消费者把信息搜寻过程看作是一种收益的情况呢？比如有些人，特别是女性，比较乐意去逛街购物，这既可以认为是一种信息搜寻的行为，同时也会发现她们从这一行为本身获得了乐趣。也就是说，仍然存在着一种可能性，即消费者有可能从信息搜寻的行为中获益。此时，消费者的品牌选择行为又会是怎样的呢？有学者曾构建出了一个与文化或亚文化相关的品牌选择的例子。他们假设在某条街上，并排着一个茶馆和一个咖啡馆，其商品价格都在消费者的支付范围内。

---

[1] 德尔·I. 霍金斯，戴维·L. 马瑟斯博. 消费者行为学 [M]. 符国群，吴振阳，等，译. 北京：机械工业出版社，2009.

如果是一对情侣为了约会,会选择哪一个呢?有趣的是,在他们的调查样本中,100%的被调查者选择了咖啡馆。这是因为情侣约会的目标函数是私密性,这是由店铺的距离和商品的熟悉程度决定的。设目标函数为

$$Z = f(d, k)$$
$$Z_T = f(d_T, k_T)$$
$$Z_C = f(d_C, k_C)$$

其中,Z 代表了私密性函数;d 表示店铺距离,距离越远,则越神秘;k 表示商品熟悉程度,越不熟悉,则越是私密;Z_T 代表茶馆的私密性;Z_C 代表了咖啡馆的私密性。由于 $d_T = d_C$,而 $k_T > k_C$,所以 $Z_T < Z_C$,也就是说,咖啡馆的私密性要大于茶馆,这主要是取决于中国的消费者对本国的茶饮品比较熟悉,而对外来的咖啡饮品较为陌生[①]。这显然是由于文化背景的影响所做出的店铺或品牌选择。在这里,一个有趣的现象是,商品信息的不完全反而成了消费者的一种收益,所以他们宁愿选择相对不太熟悉的咖啡馆作为约会的场所。当然,这种情况对于大多数购买者或购买情境来说,只占小部分比例;并且对于品牌选择模型,是允许这种情况存在的,同时也会将这类情况纳入分析范围的。国外的学者提出了"过程效用"这一概念,认为人类效用的决定因素,除了产生具有效用的结果以外,获取效用的过程本身也是效用的独立来源。这是基于人们的基本心理需求,因为人类具有自主、能力与关系的需要。自主的渴望包括对自身行为的自我组织或者是对事情前因后果的掌控。能力需要是指人们控制环境、验证自己具有胜任能力并能起到有效作用的倾向。关系需要是指希望感受到与他人之间的关爱,以及作为群体成员能在社会群体中受到尊重。因此,过程效用可以被定义为"人们在制度化的过程中通过生活和活动所获得的幸福——这些制度化过程因为满足了对自主、能力和关系的内在需要而有助于产生积极的自我意识"。[②] 品牌的选择过程正是建立在市场机制与制度上的一种自主活动,因此选择过程本身也有可能成为了效用的来源。

四、品牌选择模型

由以上分析可以看出,在实际的购买过程中,无论是第一种情况,即信息搜寻仅仅是一种成本,还是第二种情况,即信息搜寻具有一定的收益,信息搜寻的预期收益对消费者品牌选择的影响都不是显著的[③]。至此,可以这样认为,虽然品牌选择和信息搜寻的影响因素错综复杂,但真正起决定作用的是信息搜寻的成本。由此可以推论,企业品牌策划及运营的关键就是如何降低消费者的信息搜寻成本。无论是企业期望树立一个正面的、独特

[①] 孙曰瑶,刘华军. 品牌经济学原理 [M]. 北京:经济科学出版社,2007:63.
[②] 布伦诺·S·弗雷,阿洛伊斯·斯塔特勒. 经济学和心理学:一个有前景的新兴跨学科领域 [M]. 单爽爽,张之峰,王淑玲,译. 北京:中国人民大学出版社,2014.
[③] 第一种情况的实证分析表明,多数消费者并不在乎因信息搜寻而带来的购买收益;而第二种情况在所有购买中只占少数。

的品牌形象，还是大量投放广告，扩大品牌知名度，我们都可以认为这是在降低消费者品牌信息搜寻的成本。所以，一个品牌能够成功地帮助消费者减少信息搜寻与决策成本，就有更多的可能获得消费者的青睐。我们把信息搜寻成本作为主要变量进行分析，可以得到这样的品牌选择模型，即

$$C_b = \alpha - \beta A$$

其中，C_b 为消费者的品牌搜寻成本，与企业的广告费用投入 A 成反比，也就是说企业广告投入越多，消费者越容易获得品牌信息，其搜寻成本就越低；α 为初始成本，表示在企业广告投入为零时，消费者仍然需要支付一定的搜寻成本；β 为广告对消费者的影响程度，这主要取决于消费者的年龄、受教育程度、个性特征、文化背景等因素。

假设有两个品牌 J 和 K，它们的价格相等，效用也相同，主要的区别在于广告投入或品牌传播的费用不同。从图 2-6 可以看到，品牌 J 和品牌 K 分别投入不同的广告费用，形成了不同水平的品牌信息搜寻成本，并引起了 Q_J 和 Q_K 的销量。其中，品牌信息搜寻成本 C_b 与销量的关系为

$$Q = f(C_b)$$

于是

$$C_b = \varphi(Q)$$

由此可以得到 $\varphi(Q_J) = \alpha - \beta A_J$，$\varphi(Q_K) = \alpha - \beta A_K$，即两个品牌的广告投入水平 A 决定了消费者的品牌信息搜寻成本，进而决定了消费者的品牌购买销量。

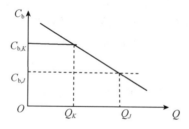

图 2-6　消费者两种品牌搜寻成本与购买销量的关系

通过对现实情况的考察，可以发现，虽然品牌市场份额与广告费用投入并不严格地成正比，但广告投入与品牌成长呈现出明显的相关性。例如，以我国的白酒行业为例，表 2-2 是根据上市公司报表披露的 2016 年上半年我国白酒企业的广告投入总额，而根据各种机构评选出的我国白酒行业十大品牌[①]，这些企业的主打白酒品牌都名列其中。将考察范围扩大到化妆品、速食食品、家用轿车、家用电器等产品或行业，同样也可以发现类似情况。

---

① 十大白酒品牌，百度百科的排名是：茅台、五粮液、洋河、泸州老窖、汾酒、郎酒、古井贡酒、西凤酒、董酒、剑南春。搜狐的排名是：泸州老窖、汾酒、茅台、西凤酒、五粮液、董酒、古井贡酒、全兴大曲、剑南春、洋河大曲。资料来源：http://baike.baidu.com/item 和 http://mt.sohu.com/20160425/n446026808.shtml。

表 2-2　2016 年 1—6 月白酒企业广告费用　　　　　　　　　　　单位：亿元

品牌名称	贵州茅台	山西汾酒	洋河	泸州老窖	古井贡酒
广告投入	2.88	2.94	3.36	3.98	6.14

资源来源：根据上市公司年报整理

因此，可以这样认为，企业在品牌方面的投入，是在一定程度上帮助消费者降低其信息搜寻的成本；消费者根据成本收益的分析，面对价格相同的商品，在做出购买决策时，会选择信息成本最低，最容易获取的品牌。

五、信息不对称与品牌依赖

当消费者不能直接观察到产品质量或其他特征时，他们购买该产品时所面对的就是信息不对称的问题。这一问题普遍存在于市场交易过程中，并且这一问题如果无法解决的话，那么市场上高质量高品质的产品将会越来越少，这种情况被称为逆向选择（adverse selection）。此后，经济学家认为解决信息不对称和逆向选择问题的途径包括提供担保、声誉机制、提高价格等。所有这些方法，在当前的企业品牌发展过程中都有不同程度的体现，或者说产品品牌正是上述方法的综合结果。

产业组织理论的研究表明，如果市场是完全分割的，即消费者之间无法开展交流，同时也不存在公开的媒介来告知消费者有关产品的质量信息，那么厂商必然倾向于提供低质量的产品。然而，当市场经济发展到今天，消费者已经可以比较容易获得各类公共信息和私人信息，人们相互之间的交流也变得更加便利。只不过当消费者无法在产品专业信息上做出判断时，他们会通过其他一些变通的办法来推测产品质量。首先是通过观测厂商的投资来看产品质量，在不对称信息下如果厂商对产品可靠性（或质量）投资更多，消费者就倾向于认为该厂商的产品是值得信赖的。其次是观察或者接受厂商的广告或其他类似行为。对于厂商而言，做广告或者其他公开"烧钱"的策略（如聘请形象代言人、赞助大型赛事等）是最好的告知消费者其产品为高质量的方法。特别是在重复购买的情况下，这样的策略更加有效。再次是根据产品价格进行判断。在所有消费者当中，如果某些消费者了解产品质量，那么相对于低质量产品，厂商会对高质量产品设定更高的价格，并且用此价格作为对其他非完全信息消费者的质量信号。从而，更多的消费者会依据价格来推定产品质量，并且通常"高价"对应于"高质"。最后，消费者也有可能依赖于产品的质量担保来判断其质量。厂商可以利用担保给消费者传递产品质量可靠的信号。当厂商的投资决定无法被消费者观察到时，担保和退换政策可以为厂商投资产品质量提供激励，即厂商为了降低因担保和退换而引起的成本增加，会在前期投入较多资金用于改善和提高产品质量。综上可知，无论是企业的投资、广告，还是产品价格、质量担保，都是构成品牌形象、品牌定位的基本要素，产品的品牌化综合地反映了这样一些信息，因此可以说品牌是一种更加全面、综合、简便的信号显示机制；因而才会有更多的消费者依赖品牌来做出购买决策。

第四节 品牌对于消费者的意义

在现代社会中，品牌消费正逐步成为一种现象和趋势。为什么会出现品牌？消费者为什么会对品牌产生依赖？最基本的事实就是品牌对于消费者是有用的，有学者认为，品牌对消费者至少具有识别功能、导购功能、降低风险功能、契约功能和个性展现功能等。[①] 在消费者的购买和消费过程中，品牌的作用可以总结为以下几方面。

一、降低搜寻成本

如前所述，一方面由于生活日用品种类繁多、千差万别，但消费者的生活节奏却日益加快，因而缺少必要的时间对各种商品进行详细的比较和分析，以做出他们认为正确的选择；另一方面，人们处在一个"信息爆炸"的时代，大量的信息数据充斥着人们的日常生活，没有人在所有的消费决策方面都是内行专家，也没有人能够快速地处理他所获得的所有信息与数据。因此，消费者为了简化其决策模式，便通过直观的、容易获得的品牌信息来帮助其做出消费决策。对于企业而言，现代营销中商品品牌的建设与推广，不仅仅是出于竞争的需要，也是帮助消费者降低其信息搜寻成本的需要。通过前文的分析可以看到，消费者在搜寻商品信息的过程中，需要付出时间、精力、金钱等方面的成本，而品牌的出现，恰恰可以减少消费者在这些方面的付出，这就解释了为什么当前消费者在购买过程中形成了一定的品牌依赖，如今人们的消费行为也可以称为"品牌消费"。

二、做出品质保证

产品质量通常可以分为生产质量与认知质量。其中，生产质量是指厂商按照一定的生产标准、工艺流程来控制产品的物理属性，使其达到特定的标准与要求；而认知质量则是消费者在使用过程中对产品所表现出来的功效、性能、作用等做出的综合评价。认知质量与消费者的相关选择和想要达到的目的有关。生产质量主要由厂商在生产过程中进行控制，认知质量则由消费者在消费过程中的体验与感受而确定。总体而言，生产质量与认知质量应当是一致的，因为产品的生产质量是要以消费者的认知质量为最根本标准来确定的，只有生产质量符合了认知质量，消费者才会感到满意并再次购买该品牌。所以，品牌并不仅仅是一种标志、名称、符号，或者相关的广告宣传，更多的是产品生产质量与认知

[①] 乔均. 品牌价值理论研究 [M]. 北京：中国财政经济出版社，2007.

质量相统一的结果。

在成熟的市场环境中，品牌的形成意味着较高的品质保证。首先是由于信息相对充分，消费者可以从多个渠道搜集和了解产品信息；其次是消费者比较容易表达对于产品质量的诉求，促使企业改进质量；最后是随着时间的推移，品质低劣的产品逐渐被淘汰，只有具有良好品质的产品和品牌才能最终生存下来。因此，消费者购买品牌产品是为了获得符合自己预期的产品性能、功效和体验等。

三、获得心理满足

品牌的出现，除了能满足消费者所期望的物理属性之外，在当前的社会环境中，又多出了一些使消费者心理满足的作用。工业革命以来，人们的生产模式、商业模式及生活方式变得日益复杂，人际交往日趋频繁且多样化。人们内心深处某些本能的心理活动在这样的社会背景下被激发出来并且放大，此时他们需要借助一些外在的事物来向他人展示这种内心的感觉。于是，品牌及相应的商品便成为这样一种非常恰当的中介物。制度经济学的创始人之一凡伯仑在其经典著作《有闲阶级论》中曾经这样描写过："每一社会阶层都会有一些人试图通过炫耀性消费告诉别人他们是谁，处于哪一社会层次。"尽管凡伯仑是持批判态度来看待有闲阶级的，但根据社会学家和心理学家的研究，这样的消费心理并非完全不可取。因为品牌商品的这种炫耀性消费能帮助他们建立一定程度的自信和优越感，并在社会交往中取得优势地位。尤其是在当今的信息社会中，品牌及其商品借助大众传媒和网络多媒体，渗透到人们社会生活的每一个角落。品牌的宣传推广，已经超越了简单的信息传递的意义，其本身也在创造着价值，即消费者所需要的某种心理价值。进化心理学的研究表明，炫耀性消费极有可能与人类的繁殖回报有关，这种消费方式可以向异性传递一个信号，即自己是适合的、高品质的配偶。现代品牌通过偶像塑造、生活方式渲染、文化价值认同等方式，赋予了自身更多的附加价值。菲利普·科特勒认为，"一个品牌往往是一个更为复杂的符号标志，它能表达出属性、利益、价值、文化、个性、使用者"等六项含义，[①] 其中后面四项均属于心理层面的意义。

四、品牌的效用论解释

综上所述，品牌作为一种现代营销的手段和方式，包含着商品信息、品质保证、心理感受等内涵与外延。以经济学的效用理论来看，这本身似乎也是一种效用。这些功能与作用显然并没有局限于产品本身，其讨论的对象是基于产品之上的品牌的效用。正因为如此，消费者才愿意给出比其他非品牌商品更高的价格去购买品牌商品。例如，消费者花费三万元购买一个奢侈品品牌的皮包，她并不仅仅是为了用这个包来装东西，而是有着更加

---

① 菲利普·科特勒. 营销管理 [M]. 梅清豪, 译. 上海：上海人民出版社, 2003.

复杂的多重的购买与消费动机。或许她想借此来显示身份和地位，或许她认为高价对应着高质，或许她在高档商场消费感到更加自在……总之，品牌的效用支撑了品牌的溢价，如图2-7所示，商品 X 和 Y 的总体价格持续上升。此时，消费者在购买品牌商品，其均衡条件也向外扩展，即消费者获得了更多效用（弯曲的虚线），同时也支付了更多的费用（倾斜的虚线），但消费结果仍然是均衡的（原来的均衡在 A 点，新的均衡位于 B 点）。

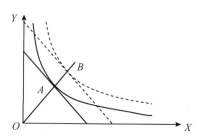

图 2-7　品牌化后的效用与均衡变化

第三章 品牌竞争的一般理论

第一节 市场竞争与品牌经济

一、市场竞争的类型

新古典经济学将市场竞争分为完全竞争、垄断竞争、寡头垄断和绝对（完全）垄断四种类型。之所以如此划分，是因为其竞争的强弱程度存在差别，此外，不同市场竞争类型之间还存在着其他的一些比较重要的差异性，见表3-1。

表 3-1 四种市场竞争类型及其特征

市场竞争类型	厂商数目	产品差别程度	价格控制程度	行业进入难易度
完全竞争	非常多	无差别	没有	自由进出
垄断竞争	很多	有些差别	有一些	比较自由
寡头垄断	几个	有或没有差别	较强	比较难进入
绝对（完全）垄断	一个	单一产品	极强，有管制	几乎不可能

新古典经济学认为完全竞争的市场是最有效率的，因为在这种市场中存在着为数众多的厂商，每个厂商的规模都不大，从而无法操纵产品价格；与此同时，他们所提供的产品是没有差别的，所以完全竞争的厂商为了保证盈利，就必须将成本做到最低。

然而，垄断竞争理论的创立者张伯伦认为，完全竞争的市场类型在现实中是不存在的。他以传统的手工皮鞋生产为例，如果在一个小镇上同时存在多个皮鞋作坊，规模都很小，按照完全竞争理论，他们的价格应当是非常接近甚至是完全相同的。但实际中这些皮鞋作坊出售的皮鞋价格却存在着较大的差距。通过观察，他发现这些手工作坊所生产的皮鞋在外观设计、皮革用料、手工工艺等方面仍然存在着差别。那么，是否没有差别的产品市场就是真正的完全竞争了呢，他认为还是不一定。即便是两个厂商经营完全相同的产品，如面粉，但因为店铺所处的地理位置不同，也会形成差异。所以，张伯伦认为完全竞争只是一种理论形态，在现实中根本无法找到真正的此类市场；现实中的市场都是介于完全竞争和完全垄断的中间形态,即垄断竞争和寡头垄断的市场形态①。

区分不同竞争类型的目的,是要指出当前品牌经济与品牌竞争的普遍性。因为如果大多数市场是完全竞争的②,那么产品没有差异,厂商无法影响价格,就不会出现品牌竞争;反之,如果市场是完全垄断的,市场上只有一个厂商,提供一种产品,那么这个厂商也不需要品牌。而现实正如张伯伦所分析的,几乎所有的产品与行业,都存在着或多或少的差别,而正是由于这些差别的存在,品牌竞争才成为可能和必要。

二、产品差异化与品牌的关系

商业社会的发展,在较大程度上印证了张伯伦的看法。如今,随着商品种类日益丰富,市场竞争异常激烈,任何一个厂商想要在竞争中生存发展下去,就必须突出产品差异来赢得消费者的认可。因此,无论是哪一本讲述品牌战略的著作和教科书,都会不厌其烦地阐述品牌形象、品牌个性、品牌定位和品牌差异化等方面的理论。

新古典经济学将产品差异化纳入不完全竞争市场的模型中进行解释,其中主要以垄断竞争为例。在这一市场结构中,企业数量较多,进入壁垒较小,企业可以自由进出,从而使长期价格等于总平均成本。当垄断竞争企业按照边际收益等于边际成本相等的原则进行生产时,企业利润达到最大(见图3-1)。

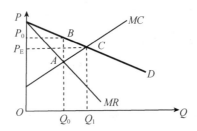

图 3-1　垄断竞争的效率分析

图 3-1 所示市场价格 P_0 高于供给等于需求时的均衡价格 P_E,且产量 Q_0 小于均衡产量 Q_1,因此,就整个市场和社会来讲,仍然损失了一定的效率和福利。为此,经济学家认为虽然存在着高价格和低产量的福利损失,但垄断竞争企业通过产品差异化进行竞争,并投入大量的广告和品牌宣传,在客观上为消费者提供了多样化的产品,满足了消费者多样化的需求,这在一定程度上弥补了社会福利的损失。这就是传统经济学中对产品和品牌差异化最典型的分析与解释。

产业经济学中并不严格区分产品差异和品牌差异,而主要关注品牌或产品的差异是否能给企业带来一定的市场定价权力。假设市场中有1和2两种产品,分布在 [0,1] 区间

---

①　在张伯伦看来,真正的完全垄断也是不存在的,因为替代品或潜在替代品的存在,迫使垄断企业无法完全控制价格和市场。

②　以马歇尔为代表的新古典经济学就是这样认为的。

的两端。两个企业的边际成本相等且为常数 c，则利润最大化的公式为

$$\pi_i = (p_i - c)Q_i(p_i, p_j)$$

假设消费者均匀分布在该单位区间内，且消费者的购买决策受到空间距离的影响，呈负的线性关系。那么消费者 x 的购买决策函数为

$$\max_{i=1,2}\{r - \tau|l_i - x| - p_i\}$$

即当消费者追求效用最大化时，在 1 和 2 两种商品之间进行选择，受到商品价格 p、距离 l、商品差异 τ 等因素的影响。由此可以求得标准消费者的需求为

$$\hat{x} = \frac{l}{2} + \frac{p_j - p_i}{2\tau}$$

那么单个企业的利润函数就变为

$$\pi_i = (p_i - c)\left(\frac{l}{2} + \frac{p_j - p_i}{2\tau}\right)$$

对该函数求一阶偏导，即利润最大化的条件，得

$$\frac{\partial \pi_i}{\partial p_i} = \frac{l}{2\tau}(p_j - 2p_i + c + \tau) = 0$$

最终得到企业 i 的反应方程为

$$p_i = \frac{l}{2}(p_j + c + \tau)$$

从这一反应方程来看，由于产品差异化的存在，每个企业所面临的需求函数并非完全价格弹性，而且产品差异越明显（对应于更高的 τ 值），均衡时产品的价格-成本差值就越高，即企业可以获取更多的利润。这里的分析说明了当企业面临同一个市场的时候，想要获得竞争优势，就必须创造人为的产品差异化，这就说明了诸如啤酒、碳酸饮料、通信服务等物理性质差异不大的产品，为何会大量地投放广告，从而形成品牌的差异。

然而，事实上品牌差异与产品差异本质上是两个不同的概念。设想这样一种情况，某供应商生产果酱，并以同样的价格将其销售给 A 和 B 两个经销商。这两个经销商再将这同一种产品装在不同的包装中，并以各自的商标销售给最终的消费者。在这个例子中，消费者所购买的两种品牌的果酱在物理特性上来讲是完全一样的，但其心理感知则由于其包装及品牌商标的差异，可能会存在区别。假设将产品的差异分为物理差异（p）和感知差异（s）来分析其对产品销量的影响。考虑这样的可能性：

（1）如果商品 A 被认为没有什么特色，也就是既没有物理差异，也没有感知差异，则 $p = 0$，$s = 0$。

（2）如果商品 B 被认为有品牌特色，即虽没有物理差异，但有感知差异，则 $p = 0$，$s > 0$。

假设这两种商品的其他销售条件一样（例如同样的货架位置，同样的包装规格等），且两者的初始销量为 Q_0，则商品的销售量结果为

$$Q_A = f(p_A, s_A) = Q_0$$
$$Q_B = f(p_B, s_B) = Q_0 + f(s_B - s_A)$$

其中，由于 $p_A = p_B = 0$，$s_A > s_B$，从而 $Q_A > Q_B$，且 $Q_B - Q_A = f(s_B - s_A)$。

进一步地，如果两种商品的价格也相等，均为 P，则收益差别为

$$TR_B - TR_A = Pf(s_B - s_A)$$

由此可知，在产品不存在差异，或者即便是产品存在微小差异，但消费者无法感知的时候，决定产品销量的主要因素便是品牌的差别。在霍金斯等人所著的《消费者行为学》中曾经举了这样一个例子，一种叫作 RC601 的黏胶多年来一直以设备设计师作为推销对象，同时产品经过配方改良，使用起来也更加方便，然而销售情况一直不太理想。后来，营销人员将产品更名成含义更为丰富的"速成金属"。结果，这种在旧的营销方法下预计销售额仅为 32 万美元的产品，在更名后销售额上升为 220 万美元[①]。这就是说，在产品不存在差异化的情况下，只要能够形成正面的品牌差异，同样也能促进产品销售。

对比经济学与消费者行为学的分析，可以认为在现实中，产品的差异化已经显得不是那么重要，或者说现实中的产品差异化并没有想象中的那么大，反而是产品同质化趋势日益明显。消费者所关注的似乎已经超越了产品本身，其更加注重消费产品时的心理感受，也就是产品品牌给他们所带来的感知差异。品牌差异的塑造，并不能认为是一种资源的浪费和损失，这同样是为创造社会福利而产生的必要行为；或者说因品牌差异而带来的消费者心理满足也是另一种形式的社会福利。

三、产品差异与消费者认知

在企业的生产经营过程中，是有可能通过改进产品设计、包装、款式、规格或者售后服务等要素来达到差异化的目的的。但是，问题是这些企业自认为存在差异的要素，消费者是否能够认识到并且将其作为购买选择的依据。所以，对于品牌的运营而言，重要的并不是企业所创造的产品差异，而是消费者所认知到的产品差异，即感知差异。当然，这并不是说企业不需要进行产品的创新与改进，而是说企业要在了解消费者需求与心理的基础上进行产品创新与改进，进而制定相应的产品营销策略。

从消费者认知的角度来看，产品差异也可以分为水平差异与垂直差异。水平差异来自于消费者不同的主观偏好，即在同一水平层次的品牌中，消费者在购买时表现出来的选择结果。例如当消费者在超市购买果汁时，在价格、包装、容量等条件大体相同的情况下，有人喜欢苹果味的，有人喜欢葡萄味的。通常这是一种比较随机的选择，因为这不受品牌因素的影响，即非人为因素，是一种自然选择的结果。然而，在当前的消费者环境中，大众的消费行为日益受到潮流与他人的影响，固有的口味与偏好往往也会发生改变。这就是

---

① 德尔·I. 霍金斯，罗格·J. 贝斯特，肯尼思·A. 科尼，等. 消费者行为学 [M]. 符国群，等，译. 北京：机械工业出版社，2000.

品牌的力量与价值。所以产品的另一种差异——垂直差异较大程度上建立在消费者的主观评价与认知的基础上。例如啤酒品牌，消费者将青岛啤酒、燕京啤酒、雪花啤酒从高到低排序，是因为消费者在长期的饮用过程中，运用自己的评价标准将这三个品牌区分开来，只有消费者认可了这三者存在着垂直差异，品牌的定位才是有效且可行的。

四、差异化与成本

只不过，现在的很多企业并不确定实行品牌差异化需要支付多少成本。有些企业愿意在品牌上进行投入，有些企业则宁愿跟随他人，进行简单的模仿，既没有产品的差异化，也没有品牌的差异化。究其原因，是因为企业要推进产品或者品牌差异化，将会引起额外的成本。品牌的差异化主要来源于消费者的认知，要在消费者心目中形成独特的、清晰的品牌认知，需要在多个方面进行投入。从最初的品牌命名、商标设计、整个识别系统的设计，到随后的产品包装设计、广告宣传、终端形象等等，每一个步骤和环节，都意味着资金和成本的投入。然而，在进行了大量的投入之后，却并不能获得确定的收益，也就是说企业未必会因为建立了差异化而一定能够增加产品销量。

品牌差异化对于企业收益的增长只是一个必要条件，而非充分条件。收益的增长还受到市场竞争、政策环境，甚至一些偶然因素的影响。如果品牌差异化不能取得成功，那么之前所有的投入就成为一种沉没成本。这种沉没成本对于一些大企业来说还可以承担。例如，宝洁公司曾经在中国市场上推出过一款名为"润妍"的洗发水品牌，最终却没能取得成功；但这并未在多大程度上影响其整个公司的盈利水平。然而对中小企业而言，这一成本可能是致命的。20世纪90年代中后期，中国白酒市场上出现了一个新的品牌——"秦池"，并因花费上亿元夺得中央电视台黄金广告时间段而名声大噪；但随后却因为巨额的广告费用投入，再加上产能限制、产品质量、竞争加剧等问题，该品牌在市场上声誉下降，并最终销声匿迹。此类例子，在大量中小企业中不胜枚举，这也导致了许多中小企业不愿在品牌差异化上进行过多的投入。

第二节　品牌化与非品牌化战略

一、品牌化战略的兴起

人类社会的商品交易自出现物物交换之日起便已开始，但品牌的出现和成熟则是近代商业社会的产物。有学者认为，现代意义上的品牌是随着工业革命的兴起而产生的，以1886年德国制造的第一辆汽车为起点，1886年可口可乐诞生、1895年吉列剃须刀出现、1898年柯达品牌诞生、1908年福特T型车问世、1917年波音品牌悄然落地、1924年万宝路品牌创立、1938年雀巢咖啡推向市场……品牌大量涌现，一批品牌逐渐发展壮大。在

19世纪末和20世纪初,品牌作为重要竞争手段的作用逐渐显现出来。尤其是第二次世界大战之后,科学技术快速发展,高科技广泛应用于生产,企业集团走向成熟,消费需求日新月异,企业竞争空前激烈,从而迎来了所谓的"品牌经济"时代,品牌发展进入成熟期或称品牌期①。

也有学者认为,当前企业品牌与产品品牌的兴起,与近年来企业之间的并购案中,收购价格远远超过账面价值有着一定的相关性。他们认为:"品牌地位的崛起是从20世纪80年代中后期开始的。当时,企业间的兼并收购案在欧美等国盛行。令财务主管吃惊的是,在几个大规模并购案中,实际收购价格远远超过了被收购企业的账面价值……几次巨额的收购案让人们发现,收购价格之所以有大量溢价,正是品牌起了决定性作用。于是,'品牌是企业最重要的资产'的观点逐渐为人所熟知,并越来越得到认同……在经过产品竞争、价格竞争、广告竞争以及服务竞争之后,商业社会已跨入了品牌竞争时代。"②

有关企业品牌化战略的兴起,上述两种观点比较具有代表性。一种把企业品牌化策略的盛行看作是工业革命和消费市场变化的自然产物,另一种则通过考察最近30年企业品牌化战略发展最为迅猛的这一个时期,指出是收购溢价的存在刺激了企业发展品牌的热情。然而,不管对近年来企业品牌化战略持何种观点,一个不争的事实是,无论是出于企业经营战略的需要,还消费者购买选择的需要,普遍的企业品牌化趋势已经形成并还将不断扩大。

二、品牌化战略的成本与风险

尽管品牌化已经成为大势所趋,但并非所有的企业都投入到了品牌化的大潮当中。仍然有相当一部分企业还在犹豫和观察,也有一些企业由于行业或产品的特性,暂时没有品牌化战略的考虑。一个企业是否推行品牌化战略,既有企业实力、现有资源等方面的考量,也有行业性质、销售对象等方面的原因。例如,有人将企业是否需要品牌的因素归纳为三大类,即顾客类型、经营模式和竞争状况(见表3-2)③。

表3-2 企业是否需要品牌的决定因素

决定因素	不需要	需要
顾客类型	专业购买者	非专业购买者
经营模式	短期经营OEM	可持续经营(消费市场)
竞争状况	无竞争,垄断企业	有竞争

其中,以顾客类型为例,如果顾客是专业购买者,他对产品(比如数控机床)具有丰富的专业知识,不需要依靠外在的信息来判断产品的品质,因此企业也就不需要为此类产

---

① 孙丽辉,李生校.品牌管理[M].北京:高等教育出版社,2015.
② 周志民.品牌管理[M].2版.天津:南开大学出版社,2015.
③ 刘晓彬.品牌是什么:互联网时代的品牌系统创新[M].北京:电子工业出版社,2015.

品创建品牌了。美国著名学者凯维斯对非耐用消费者品、耐用消费品和工业品这三种行业中企业的品牌广告行为进行了研究，也得出了类似的观点。他认为，在非耐用消费品行业中（如饮料、食品、洗化用品等），品牌对消费者的主观影响很大，有利于形成产品差异。因此这些行业中的企业倾向于进行大量的广告投放以建立品牌，从而影响消费者选择。而在耐用品行业中，产品差异取决于产品性能、质量及售后服务，消费者购买时较为谨慎理性，受广告品牌影响较小，该行业中的企业品牌投入有限。在工业品行业中，产品比较标准化与规格化，购买者也是富有经验和鉴别能力的专家，因此较少做广告，而是将大量费用投入人员推销中。[①]

的确，根据这几类因素来分析企业是否实行品牌化战略，具有一定的解释意义。但从根本上来说，决定企业是否推进品牌化战略的原则仍然只有一个，即企业是否会因为品牌化战略而获得预期的收益，并且这一收益能够超过其推行品牌化战略的总投入。这就是企业品牌化的经济学标准或原则。设 R_E 为品牌化之后的预期收益，C_B 为品牌化的成本，那么品牌化的原则就可以表示为 $R_E-C_B>0$。其中，如果 $R_E=\Delta P\Delta Q$，即品牌化后新增的销售量与产品价格的乘积，上式就变为

$$\Delta P\Delta Q - C_B > 0$$

此时，企业是否推行品牌化战略，便取决于品牌化之后产品价格与销量的变化。先讨论价格，按照新古典经济学的理论，在完全竞争的市场环境中，因为厂商是价格的接受者，故企业无法改变产品价格，只能通过提高销量来弥补品牌化的成本。而在非完全竞争市场中，企业都具有不同程度的市场势力，所以可以通过品牌化来适度提高产品价格。然而，如前所述，真正的完全竞争市场在现实中并不存在，所以对于大多数企业而言，品牌化战略都有助于他们在某种程度上提高产品价格。

然后，在商品价格提高的前提下，销量会发生怎样的变化呢？根据新古典经济学的供求规律，价格提高必然导致需求量的下降。但在品牌经济学理论中，这一规律似乎并不适用，需求量下降的情况未必一定发生。这是由于消费习惯固化及品牌忠诚度等原因所造成的。品牌忠诚理论认为，消费者对某一品牌形成偏好，就会建立起重复购买该品牌的倾向，并且对竞争品牌采取漠视的态度。品牌忠诚型的顾客对价格敏感性相对较低，为购买所偏爱的品牌，一般很少期待从打折或讨价还价中获益。

当然，品牌化战略同样存在着一定的风险，这种风险主要来源于品牌化的产品并不被市场所接受的可能性。那么，直接的经济损失就是品牌化的成本 C_B，除此之外企业的声誉、员工的士气和信心等无形资源也受到损害。

三、非品牌化战略的风险

对于企业的非品牌化战略，传统的品牌管理理论也有相关阐述。一般的看法是，在某些无差异或差异极小的行业或产品上，企业通常不会实施品牌化的战略。比较典型例子是

---

① 阵保启. 产业经济学 [M]. 北京：经济科学出版社，2013.

诸如大米、面粉、食盐、水泥等产品，以往的观察发现此类产品的确较少使用品牌化。然而，随着市场环境的变化，近年来，这些产品也开始逐步使用品牌化和品牌宣传策略。因此，似乎品牌化已经蔓延到了所有产品和行业中。事实上，如果将企业的品牌化行为进行度量，有些做法还不能称之为真正的品牌化。

当前，大多数企业已经意识到商标保护的必要性，全国各地每年都有大量的企业向当地的工商管理部门提交商标注册的申请（见表3-3）。然而，这并不意味着企业已经在开展品牌化的运营了。真正的品牌化运营应当是企业将产品品牌化看作是一种长期战略，并形成和制定相应的战略目标，从而有步骤、分阶段地去达成这一目标的过程。从程度上来看，至少是从企业开始有意识地进行品牌宣传和推广起（见图3-2），才可以认为进入了这一过程。

表3-3 2004—2008年苏州市涉农商标申请及注册数

年 份	涉农商标注册数（累计数）	商标申请注册数量（当年申请数）	注册商标核准数（当年核准数）
2004年	2262	525	208
2005年	2548	624	286
2006年	2809	667	261
2007年	3103	682	294
2008年	3582	894	479

资料来源：根据苏州市工商局相关数据整理

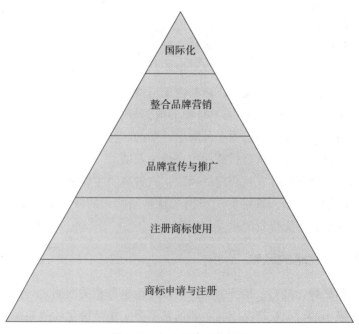

图3-2 企业品牌化的程度

由表3-3和图3-2可知，我国的很多中小企业仍然仅仅满足于商标的申请与注册，对于开展真正的品牌运营多少显得有些迟疑。这当然是基于企业现状和品牌运营风险的考虑；但是，不开展品牌运营，就变得安全了吗？答案显然是否定的，企业的非品牌化战略存在着更多的风险，其中有些风险对企业而言同样是致命的。通过分析，可以发现企业非品牌化战略至少存在着以下风险：

（1）长期低利润。非品牌化的企业由于无法获取品牌溢价，与竞争对手相比，只能接受长期低利润的事实。非品牌产品导致消费者认知困难，只能通过低价与其他产品竞争。另外，处于中间商地位的贴牌加工企业，由于缺乏自主研发能力，在合作谈判中始终属于被选择一方，处于绝对弱势地位，因此只能得到利润极低的加工合同。

（2）抗风险能力弱。由于利润率低，非品牌化的企业更容易受到市场以外各种因素的影响。例如各类经营成本（劳动力、土地价格、租金）的上升，就很有可能将企业本来就不高的利润蚕食殆尽。再比如国家政策及法律法规（劳动法、环境保护法、知识产权法等）变得更加严格，也极有可能给非品牌化企业的盈利造成影响。

（3）销售不稳定。从市场本身的因素来看，非品牌化企业的产品销售更容易产生波动。品牌化的产品由于品牌忠诚、经销商支持等因素，在市场需求发生变化时其销售仍然会有一个缓冲的过程；而非品牌化的产品则不具备这样一些有利因素。非品牌化的产品很容易受到竞争产品降价、替代产品推出、订单转移等偶然性因素的冲击，从而销量下滑。

（4）容易被模仿和假冒。非品牌化的产品因为缺乏品牌保护，更有可能引起非法的假冒和模仿；因为对于非法企业而言，相比于品牌产品，仿冒非品牌产品的违法成本与风险更小。如果恰巧非品牌化产品质量上乘，获得了消费者的一定认可，那就更加无法阻止仿冒产品的侵扰。这样的仿冒不但模糊了产品的认知，同时也影响了产品的销售。

四、不确定性与品牌化战略选择

商业社会总是充满着不确定性，而人们又常常必须在无法预知结果的情况下进行决策，并且决策的结果从事后来看，可能是好的，也可能是坏的。企业的品牌化与非品牌化战略就是这样一种决策类型，同时两种战略的选择也会因为不同的企业或不同的品牌经理人而出现差别。在"主观"不确定性的选择理论中，对此种类型的战略选择有着类似的讨论。该理论中，"主观"就意味着对不确定性的判断是因人而异的，其主观性进入整个决策过程中。其中，有代表性的萨维奇（Savage）的不确定理论模型，分析了两个基本的要素：①可能结果的集合，用 Z 表示；②自然状态的集合，用 S 表示。每个状态 $s \in S$ 表示理性决策者不确定的、行动与其结果间相关联的所有可能的特征或因素。这里，即企业决策者无论是采取品牌化还是非品牌化战略，都有可能面临各种不同的结果。

接着，在结果集 Z 和状态集 S 之间建立一个选择空间，用 F 表示，它是从 S 到 Z 的所有函数集合，表示行动的集合。决策者对品牌化/非品牌化战略做出选择，就建立了一个从状态集到结果集的映射，但他无法从选择的行动中确切地了解到行动的后果。假设决策

者对状态的一个主观判断,称之为信念 p（·）和对结果的期望收益 r（·）,其中 p（·）满足

$$\sum_{s \in S} p(s) = 1$$

以上品牌决策者对状态的判断和对结果的主观偏好是相互独立的,同时它们独立于选择行为。决策者的主观偏好定义在行动集上,对于任意两个行动 f 及 f',且 $f > f'$ 当且仅当:

$$\sum_{s \in S} p(s) r(f(s)) > \sum_{s \in S} p(s) r(f'(s))$$

具体到品牌化决策,假设某企业推行品牌化战略的投入为10万元,当然企业也有可能选择非品牌化战略。如果企业未实行品牌化但产品仍然畅销,则将获得100万元的利润;反之产品滞销,利润为0。如果企业推行品牌化,产品畅销,则其利润为90万元;反之产品滞销,其利润为 -10万元。这样,结果集合 $Z = \{100, 90, 0, -10\}$。设状态集 $S = \{s_1, s_2, s_3\}$ 分别对应 s_1 无论是否推行品牌化,产品都畅销;s_2 品牌化不成功,产品滞销;s_3 品牌化则产品畅销,非品牌化则产品滞销。那么品牌化与非品牌战略引起的可能结果如下①。

品牌化:$f_1(s_1) = 90$, $f_1(s_2) = -10$, $f_1(s_3) = 90$;
非品牌化:$f_2(s_1) = 100$, $f_2(s_2) = 0$, $f_2(s_3) = 0$。

从中可以看出,实施品牌化战略虽然未必能够获得全部的利润,但获得利润的概率是67%;非品牌化战略有时可能获得利润较多,但这种概率仅有33%。如果再考虑到实际中市场竞争的因素,以及品牌战略有可能使产品销量超过预期,及其带来的其他好处,长期来看品牌化战略必将更优于非品牌化战略。

五、品牌化战略是一种趋势

既然品牌化与非品牌化战略同样存在着风险,那么企业对于风险评估的结果究竟证明了实施品牌化战略处于上风,还是非品牌化战略略胜一筹呢?前者的风险来源于战略推行可能面临的失败,而后者的风险则是因为不采取行动而固有的、客观存在的。如前所述,对于现实世界的观察帮助我们得出结论,品牌化已然成为一种趋势。如今,品牌的运用甚至已经超出产品的范畴,涵盖了个人、组织、城市乃至国家。品牌专家 Keller 认为:"品牌化的普遍性,可从不同产品的应用当中略见一斑……包括有形货物、服务、零售店、人、机构、地方、创意等等。"② 也就是说品牌化已经超越了商业领域,渗透到人们生活的各方面。

---

① 田国强. 高级微观经济学 [M]. 北京:中国人民大学出版社,2016.
② 凯文·莱恩·凯勒. 战略品牌管理 [M]. 李乃和,李凌,沈维,等,译. 北京:中国人民大学出版社,2003.

第三节 品牌化战略的收益

一、品牌溢价

企业产品和服务品牌化的趋势既是市场竞争的必然结果，也是企业内部管理优化的外在表现。从新古典经济学理论的角度来看，品牌化战略也是企业追求利润最大化目标的一种有效手段。因为企业可以通过建立知名品牌，获得比非知名的竞争对手更高的产品价格，同时不损害其市场份额，这就是所谓的"品牌溢价"理论。Keller认为"消费者愿意为某些品牌支付更多的钱，因为那些品牌给他们带来了一定的收获"。Aaker认为品牌溢价是指相对于包装、数量相同且不相上下或较次等的品牌，消费者愿意为钟爱的品牌产品所支付的数额。国内学者陆平将品牌溢价定义为：在行业平均利润基础上，根据品牌的影响力，高出其他品牌价格的部分。[1] 品牌溢价的心理基础是消费者的品牌忠诚，忠诚型的消费者会重复购买某一品牌，并且较少因为竞争品牌的降价促销而转换品牌。这一现象如果用经济学术语来表达，暂且可以称之为"品牌黏性"；相应地，可以自然而然地将"品牌黏性"与需求弹性相联系，显然，具有"品牌黏性"的产品是缺乏弹性的。经济学理论告诉我们，对于缺乏弹性的商品，企业适当提高价格，总收益是会增长的。通过如下分析，我们可以更加清楚地认识到这一点。

假设某企业在市场上有两个不同的销售阶段，阶段一企业未实行品牌化战略，产品价格为 P_0，产品销售量为 Q_0；到了阶段二，企业开始推行品牌化战略，其他市场条件不变，此时产品价格调整为 P_B，且 $P_B > P_0$，而销售量为 Q_B。为了简化分析，假定销量并未因为提高价格而下降，也没有因为品牌化而有所增加，仍然保持不变，即 $Q_B = Q_0$，则企业前后两个阶段的利润变化为

$$\pi_0 = P_0 Q_0 - C_0$$
$$\pi_B = P_B Q_B - C_B$$
$$\pi_B - \pi_0 = (P_B - P_0)Q + (C_0 - C_B)$$

则品牌化的必要条件为 $P_B - P_0 > \dfrac{C_B - C_0}{Q}$，其中，令 $\Delta C = C_B - C_0$，则该式变为

$$P_B - P_0 > \frac{\Delta C}{Q}$$

即品牌化前后的价格差要大于单位产品增加的成本。举例来说，某纯净水生产商在市场上销售的瓶装水为1元/瓶，后来因实行品牌化，投入100万元进行广告宣传，并把产品价

---

[1] 陆平. 品牌溢价研究综述 [J]. 企业导报，2011，15：109.

格调整为 1.2 元/瓶，而前后销量均为 1 000 万瓶/月。则可以根据上式计算，有

$$(1.2-1) > 1\,000\,000/10\,000\,000$$

品牌化前后的价格差为 0.2 元，单位产品增加的成本为 0.1 元，因此这一品牌化策略是可行的，而相应的品牌溢价定价行为也是合理的。

二、持续竞争力

虽然标准的经济学理论认为企业经营的唯一目标是利润最大化，但管理学、会计学等学科对此却给出了不同的看法。这些学科认为现代企业经营的目标还包括了股票价值最大化、股东利益最大化、企业规模扩张等。但不管是出于何种目标，有一点在几乎所有的企业和企业家当中都形成了共识，那就是希望企业可以长期持续地经营发展下去。而企业长期稳定的发展，就需要有源源不断的竞争能力来保持这样的一种趋势。品牌则是这种竞争力的构成因素之一。长期的品牌竞争力不仅意味持续不断的产品改进与研发，同时也需要时刻保持品牌形象的与时俱进和生命活力。知名品牌一旦形成，并且积累起巨额的品牌资产之后，品牌就有可能获得长期而持久的竞争力，从而保障企业的永续经营。由表 3-4 可以看到排名世界前 20 位的品牌，除了一些互联网和计算机品牌外，每一个品牌年龄都超过 40 年。波士顿咨询集团研究了 30 大类产品中的市场领先品牌，发现"在 1929 年的 30 个领先品牌中有 27 个在 1988 年就勇居市场前列。其中包括象牙香皂、坎贝尔汤料和金牌面粉"。[①] 所以，对于大多数希望长期经营的企业家来说，创建和培育一个知名的品牌，在当今的市场竞争中显得尤为必要。

表 3-4 2015 年世界排名前 20 名品牌的年龄

排 序	品牌名称	年龄/年	排 序	品牌名称	年龄/年
1	谷歌	17	11	福特	112
2	苹果	39	12	宝马	99
3	亚马逊	20	13	埃克森美孚	133
4	通用电气	123	14	可口可乐	129
5	三星	77	15	宝洁	178
6	沃尔玛	53	16	思爱普	43
7	耐克	43	17	微软	40
8	奔驰	115	18	麦当劳	61
9	脸书	11	19	哈佛大学	379
10	雀巢	148	20	百事	126

资料来源：世界品牌实验室 2015 年世界品牌排行榜

---

① 李光斗. 品牌竞争力 [M]. 北京：中国人民大学出版社，2004.

三、品牌体系与市场扩张

企业在品牌运营过程中,起初往往会先形成一个主导品牌,当这一品牌逐渐趋于成熟后,该企业就会积累起足够的资金及品牌运营能力;此时,企业就可以考虑进行品牌的扩张和延伸。企业开展品牌扩张与延伸的原因主要在于以下几点。一是充分利用现有的品牌资产。品牌一旦形成,其知名度、忠诚度和美誉度便逐步转化为推动产品销售的主要力量,品牌作为一种企业资产具备了为企业带来更多收益的职能。利用现有品牌进行延伸,不但可以提高促销费用的使用效率,还可以降低后续营销成本,例如开发新品牌的支出。二是可以形成较为完整的品牌体系。企业通过品牌延伸和品牌扩张,围绕主导品牌开发出多个不同的辅助品牌,这些品牌可能针对不同市场或者具有不同的品牌个性,相互影响,相互协作,共同在市场上与其他企业的品牌展开竞争。三是可以全面渗透市场。市场细分理论出现之后,越来越多的企业意识到他们所面对的消费者也是有差异的,几乎没有一种产品或者品牌可以覆盖所有不同类型的消费者。于是,企业的品牌管理者发展出了一种新的战略,即通过创建新的品牌,并赋予这些新品牌不同的定位,来占领那些差异化的市场。

除此之外,强势品牌形成之后,还能为企业带来多方面的好处。例如品牌体系可以通过寻找共性以产生协同效应,运用差异化的品牌可以减少对主导品牌识别的损害,多品牌战略可以帮助企业条理清晰地管理现有产品,以及获得更多开发市场的机会,等等。① 当然,品牌体系本身并不是企业的营销优势,如果运用不当,也有可能对原有品牌造成伤害,这是企业品牌管理者在品牌运营过程中值得警惕的。

四、市场地位与声望

尽管当前的市场竞争日趋激烈,然而产业经济学的研究表明,在很多行业中市场集中的趋势仍然十分明显。品牌产品在经过多年的运营之后,有些成长为该市场中领导品牌,那么该品牌在市场上的存在将变得更加稳定。著名品牌专家大卫·阿诺曾经写道:"成功的品牌是长期、持续地建立产品个性的成果""一旦成为成功的品牌,市场领导地位及高利润自然会随之而来"。② 同时,处于领导地位的品牌,不仅有着更高的获利能力,而且对各种市场力量会产生更显著的影响。例如对销售渠道,强势品牌在通路上往往能够产生杠杆效应,以较低的成本获得更多的通路支持。这是由于强势品牌、领导品牌常年进行品牌信息传播,无形中帮助经销商降低了大量宣传成本,也节省了消费者的信息搜寻成本。

此外,知名品牌往往意味着雄厚的品牌资产,因此企业在资本市场也更容易获得投资者的青睐。可口可乐公司前董事长伍德鲁夫曾经不无自豪地说:"只要可口可乐这个品牌

---

① 戴维·阿克. 创建强势品牌 [M]. 北京:中国劳动社会保障出版社,2004.
② 李自琼. 品牌建设理论与实务 [M]. 北京:人民邮电出版社,2014.

存在着,即使有一天,公司在大火中化为灰烬,那么第二天早上,全世界新闻媒体的头条消息就是各大银行争着向可口可乐公司贷款。"由此可见,长期品牌运营所积累起来的品牌资产,除了帮助企业增加利润之外,本身也可以作为一种资产在市场上进行交易,同时也能支持企业在必要的时候开展融资,这在一定程度上保障了企业的长期稳定运行。

当然,除了上述这些明显的品牌化收益之外,品牌化还有可能为企业带来更多无形的、潜在的收益。例如企业员工的士气和自豪感、内部管理的优化、政府部门的政策倾斜等。总之,从长远来看,成功的品牌化收益将大大超过因品牌化而产生的成本,也会优于非品牌化所获得的暂时性收益,这也间接说明了品牌化已经成为企业运营的一种主流趋势。著名的品牌研究专家凯文·莱恩·凯勒认为品牌价值是品牌客户、渠道成员和母公司等方面采取的一系列联合行动,能使该品牌产品获得比未取得品牌名称时更大的销量和更多的利益,还能使该品牌在竞争中获得一个更强劲、更稳定、更特殊的优势。

第四节　品牌化与企业的经营决策

一、品牌化对企业利润的影响

根据图3-1的分析,存在产品差异化的垄断竞争企业中,其产量是小于均衡产量的。进一步的分析指出,品牌的创建虽然带来了成本的上升,成本上升导致了产品价格上涨,但实际的市场需求并不一定像主流经济学所描述的那样会下降,而是存在着下降、不变,甚至是增加的可能性。在存在这样三种可能性的情况下,企业又是如何做出生产决策的呢?

假定企业开展品牌化运营后,其目标仍然是利润最大化,那么在一开始,企业的利润由边际收益等于边际成本的交点决定,即矩形 P_0GHP_M 部分的面积[见图3-3(a)]。由于品牌化运营导致了成本上升,因此会减少利润。

如图3-3(b)所示,成本上升至 AC',利润减少为矩形面积 $P_0GH'P'_M$。此时,有些企业发现在推行品牌化战略之后,不但没有使得企业利润上升,反而导致了利润的下降。如果这种情况持续一段时间,那么这些企业有可能就会放弃品牌化的策略,甚至有些企业因为无法坚持而退出市场,就如上文所分析的那样。

然而,如果品牌化策略取得了成功,即在价格上升的情况下,销量也上升,则新的利润总额为矩形面积 P_BIKP_C,显然比成本上升后的利润要高出许多。由此可见,品牌化后潜在的收益最终会超过原有的收益,这就是企业推行品牌化的根本的经济原因。但在现实中,并非所有的企业都能获得这样一种超额收益,原因在于有些企业的品牌化战略并未取得成功。这不仅有可能是自身战略失误所导致的,也有可能是因为市场竞争结构所决定的。处在新兴或者跟随地位的品牌,要与市场上原有的或者领导地位的品牌进行竞争,不但自身要有独特的、行之有效的品牌策略，还要考虑到市场竞争对品牌策略的影响。

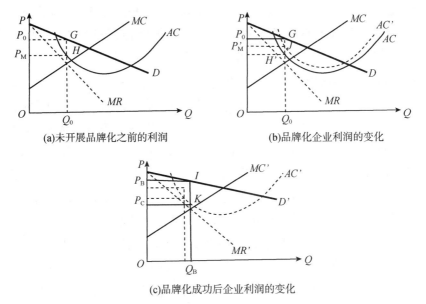

图 3-3　品牌化与企业利润的关系

二、品牌化与企业扩张

在市场竞争中，获得更多利润是企业品牌化战略的目标，同时也是企业品牌化成功的标志之一。企业的品牌化战略要取得成效，除了自身产品品质、生产研发和营销管理等方面必须能够适应品牌化战略的要求之外，还应当考虑当前的行业特征和市场环境。特别是对于新创立的品牌，或者试图进入新市场领域的品牌，则必须充分了解其所面临的市场环境，然后再做出是否进入的决策。因为品牌的创建与扩张，都会遇到特定的市场壁垒，这种壁垒一方面来自于市场力量形成过程中的临界值，另一方面则是竞争者所构建的。

（一）品牌扩张的市场壁垒

经济学理论中，人们较早地观察并分析了市场的进入壁垒。贝恩把进入壁垒定义为："长期在位厂商所具有的优势，即能够把价格提高到竞争性价格以上，而又不会招致潜在进入者的进入壁垒。"施蒂格勒从在位者与进入者之间成本不对称的关系入手，把进入壁垒定义为："在某种（或每一产出水平的）生产成本由想要进入该行业的企业承担，但不用被行业内的在位企业承受。"其他学者也对企业的进入壁垒进行了深入研究，虽然说法各不相同，但普遍的共识是企业在进入一个新市场领域时，或多或少都会面对客观存在的市场壁垒。品牌的创建与扩张作为企业的一种经营行为，也会遇到同样的问题。只不过品牌所面临的进入壁垒，与企业的市场壁垒略微有所不同。首先，品牌进入壁垒通常处在企业进入壁垒之后。这是由于有些企业在一开始进入某一市场的时候，并没有采取品牌化战略；当企业发展到一定阶段之后，才发现需要创建品牌。此时企业就会遇到品牌进入壁垒的问题。其次,品牌的进入壁垒主要集中在营销层面,例如广告、渠道和促销等,而企业的进入壁垒所强调的主要是生产成本。最后,品牌的进入壁垒相比于企业的进入壁垒,更加具有不确定性。例如汽车企业需要一定的生产规模才能保证盈利,这一规模水平通常是可以确定的;但汽车品牌需要多少的广告费用投入,才能确保品牌形成并维持下去,这往往难以明确。尽管如此,品牌的进入壁垒仍然属于企业进入壁垒的一种。此外,与企业进入壁垒类似的,人们所关注的是,有哪些主要的进入壁垒在阻碍着品牌的扩张及成功。

(1)产品差异壁垒。有关于市场竞争中产品差异的壁垒,有学者认为是产生于消费者对某一产品的偏好和忠诚、在位者已占领的合适的市场位置和产品空间,以及广告促销措施及策略对消费者偏好产生的影响。贝恩则认为是主要来源于信息不完全造成的品牌消费习惯、在位者的规模经济和新进入者的市场不确定性。然而,正如前面所分析的,产品差异如果能够区分成物理差异与感知差异的话,在产品形态基本完成之前的物理差异,我们把它看作是真正的狭义的产品差异。这种差异壁垒主要包括在位品牌具有的强大研发能力,以及在此基础上形成的产品功能、性能、材质、风格、外观和包装等方面的差异。例如,苹果手机具有独特的操作系统,这是由于应用了他们自己研发的专利技术,当这一专利技术成功地应用于产品之后,就形成了产品本身的差异。

(2)广告效应壁垒。对于新进入品牌,市场的广告效应壁垒主要表现在两个方面。一是在相对成熟的市场上,在位品牌构筑的广告壁垒。在位品牌包括领导品牌的形成,往往是经过了长期的品牌投入积累,其中广告是一种典型而明显的品牌投资。广告大师大卫·奥格威曾经说过,"每一个广告都是对品牌形象的长期投资"。正是因为这种大量的品牌投资,在位品牌构筑了高耸的进入壁垒来阻止新进入者。二是在相对空白的市场上,同样也存在着广告效应壁垒,而这一壁垒主要是由于消费者的认知规律造成的。消费者行为学的理论认为,消费者在被动认知和学习事物时,需要通过不断重复的刺激才能形成记忆。这就需要广告长期的投放,或者在多种不同的媒体上投放,从而对消费者形成重复的刺激。那么只有当广告投放积累到一定程度,广告的认知水平才会变得十分明显。在广告行业中有一个广告量与广告的认知水平的基本关系,如图 3-4 所示,只有当广告量超过 A 点的时候,消费者的认知度才会迅速上升。也就是说广告在 A 点之前的投入,只起到极其微小的效果;但如果没有这部分的投入,又不会产生之后的效果。因此,从 O 到 A 之间的广告投入,就可以看作是一种广告壁垒。

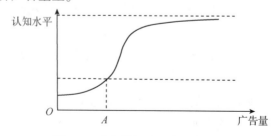

图 3-4 广告量与认知水平的关系

（3）品牌忠诚壁垒。消费者对市场上现有品牌的忠诚，同样也阻碍着新品牌进入该市场的可能性。如前文所述，由于生活节奏加快，消费者对于某些日常生活用品的购买往往依据过去经验，久而久之便逐渐形成了一种购买习惯；而对于一些享受型产品，如旅游、音乐会、奢侈品等，则有可能出于情感因素而形成品牌忠诚。无论是品牌购买习惯，还是品牌忠诚，这都在客观上形成了品牌消费的壁垒，也就是说在很大程度上排除了对新品牌的考虑与尝试。一旦消费者表现出这样的品牌忠诚，那么新品牌的很多竞争策略，如降价促销、广告吸引、免费赠品等都有可能会失去作用；或者新品牌需要付出比以往更多的资源与努力，才能在这一市场上获取一定的份额。如果企业认为这样的品牌投入成本过高，那么就有可能放弃品牌的创建和推广。这也就是为何在电子、服装、玩具等行业中存在着大量的贴牌加工企业，他们的生产水平与技术已经达到一定高度，却并没有创建自己品牌的意愿与行动。

（4）其他壁垒。除了上述几种典型的进入壁垒之外，品牌进入市场的壁垒还包括渠道合作、财务融资和营销经验等方面。要让现有的渠道供应商接受新的品牌，显然并非那么容易。家乐福在中国的大卖场就曾经曝出向国内快速消费品企业征收额外的"入场费"问题。而财务融资方面，新品牌由于市场前景不明朗，因此无法使金融机构对其形成有效的信任机制，从而会产生更高的融资成本。

(二) 品牌扩张的竞争性行为

大多数市场并非如草原般可以任由企业自由驰骋，而是像高山一样需要努力攀登。而且，不幸的是在攀登的过程中，企业还要受到来自其他竞争者的阻挠与挤兑。这就是为何在如今的商业环境中，品牌的创建与推广变得如此的艰难。所以，品牌的扩张也必须考虑到已有品牌的反应策略，才能确保扩张的成功。这里，我们不再去分析一个待开发的市场，而是要分析具有领导品牌的市场结构。当一个新品牌要进入市场的时候，假如市场上已经存在着领导品牌，同时这个市场已被开发殆尽，那么没有一个企业希望看到新的品牌加入竞争，因为这会稀释每一个现有品牌的市场份额。所以，问题的关键在于，现有品牌会采取何种策略来阻止新品牌的进入。戴维·阿克认为在位品牌将会通过创造"必备要素"来设置障碍，以阻止竞争者产生相关性。其中最根本的一种障碍是受专利、著作权、商业秘密或不易得到和复制的智力资源等专有的技术或技能所保护。另外，超越功能性的利益，如自我表达、情感和社会利益、企业的价值观和文化及品牌个性，品牌的可见度、联想度、忠诚度，甚至完善的企业管理流程等，都可能阻止竞争者进入。[①] 但实事上，在位品牌在最初也有可能并未察觉到新品牌的入侵，或者并没有把新品牌看作是同级的竞争对手，因此就会出现阻止和默许两种不同的应对策略。

假设市场上已有一个品牌 A，此时品牌 B 准备进入该市场。而品牌 A 可能采取竞争或

---

① 戴维·阿克，王宁子. 品牌大师：塑造成功品牌的20条法则 [M]. 陈倩，译. 北京：中信出版集团，2015.

默许的策略。如果是竞争策略，将表现为加大广告投放力度、降价促销、增加产品类别等方式，无论采取哪种措施，在短期内都将增加成本，减少收益。品牌 B 也有两种策略，即进入和不进入。如果这个市场在品牌 B 进入之前的垄断利润是 300 元，进入之后由于企业剩余减少，变为 100 元（两个品牌各得 50 元），进入成本是 10 元，则博弈的支付矩阵如图 3-5 所示。

		品牌A	
		默许	竞争
品牌B	进入	40, 50	-10, 0
	不进入	0, 300	0, 200

图 3-5　品牌博弈的支付矩阵（单位：元）

当品牌 A 默许品牌 B（下面简称"A"和"B"）进入市场的时候，两者都能获得收益，但是 A 的收益变为 50 元，较垄断时的 300 元低了很多。所以对于 A 而言，最好的状态是 B 不进入该市场；但是，当 A 要阻止 B 进入的时候，由于营销成本上升，利润降为 0 元（-10, 0）；如果 B 主动放弃进入，那么 A 在默许的情况下能够获得 300 元的利润，在竞争的情况下能够获得 200 元的利润。这个博弈有两个纳什均衡，即（进入，竞争），（不进入，默许）。如果将这个博弈过程扩展为动态分析，就能更加清楚地预测各品牌的策略（见图 3-6）。

品牌 B 先选择策略（进入或不进入），A 在发现 B 的策略之后再决定默许还是竞争。如果 B 选择进入，A 默许，则 A 和 B 的支付收益分别为支付收益为 40 元（B 进入市场的成本是 10 元，需要扣除）和 50 元；如果 A 选择竞争，则 A 无法获得收益，B 亏损 10 元。

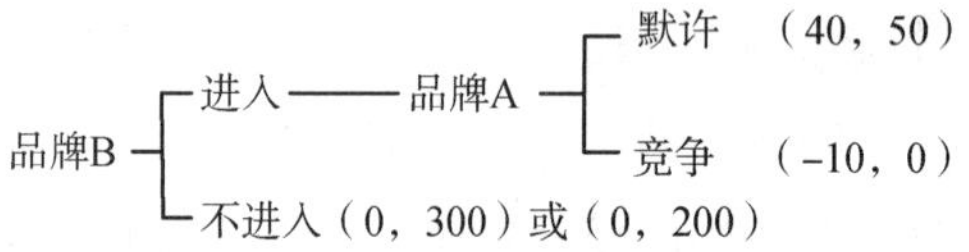

```
                        ┌─ 默许　（40, 50）
         ┌─ 进入 ── 品牌A ─┤
品牌B ─┤                └─ 竞争　（-10, 0）
         └─ 不进入（0, 300）或（0, 200）
```

图 3-6　品牌扩张的动态博弈（单位：元）

由这一动态博弈过程可以看出，品牌 B 作为一个新兴品牌，无论其是否进入已经存在的一个市场，都无法获得和在位品牌 A 一样多的收益。但从长期来看，这并不是说品牌 B 就不应该进入市场，因为市场的竞争状态将迫使每一个企业降低成本、开发新技术和新产品、提高服务水平，有助于整个行业的稳步发展。现实中，新品牌进入市场，并不一定总是以低价作为渗透市场的策略，反而有可能以高于 A 品牌的定价来确立一种更高端的形象；在位品牌面临新品牌的入侵，也未必会采用降价这种阻止策略，因为降价往往会影响到其固有的品牌形象。品牌之间的竞争与博弈是客观存在的，新品牌要突破原有的市场壁垒，可行的策略包括研发独特的产品、针对性的品牌传播、更灵活的营销策略等。

(三) 品牌延伸或扩张战略

反过来，从市场已有的在位品牌来看，他们为了阻止新品牌的进入，或者与实力相当的对手进行竞争，也会采取相应的品牌策略。虽然我们更加关注的是新兴品牌的市场进入过程和竞争对策，但充分了解在位品牌的反应显然有助于新品牌在进入市场前做好充分的准备，以及进入之后做出有效的应对。品牌延伸和扩张是当前很多大型企业和品牌常用的市场竞争策略，该策略在维持品牌市场地位并阻止竞争方面有着无可取代的作用。品牌专家戴维·阿克较早地关注到了强势品牌的这一现象，他认为："一个品牌系统可以作为新产品或新品牌发布的平台，也可以作为系统内所有品牌的基础……从品牌系统的角度看问题还有助于资源的分配，因为从这个角度你可以很清楚地看到某一品牌在体现自身价值的同时，如何协助其他品牌创造价值。"[①] 很明显地，在越来越多品牌纷纷采用这一策略的情况下，从经济学的角度来看，其策略收益必定是高于成本的。

首先，这一策略可以细分为以下几种具体的类型。

(1) 单一品牌延伸至多个产品。某一品牌最初只用于一个单一产品，当该品牌随着产品市场占有率的提高，知名度不断扩大，企业就有可能将品牌用于其他相关甚至不相关的产品上。例如"康师傅"最初用于方便面产品，后来扩展到饼干、饮料、纯净水等产品上。

(2) 单一品牌延伸至不同品质的同种产品。即某品牌最初只用于一种型号的产品，随后产品的型号和品质不断多样化，但仍然使用这一品牌。当然，有时为了加强区分，往往会在主品牌后面再加上副品牌。这一策略在家电、手机、汽车等产品上较为常见。

(3) 多个品牌应用于单个或多个产品。企业同时拥有多个不同的品牌，这些品牌可能用在同一种产品上，例如波司登股份有限公司的羽绒服产品使用了波司登、康博、雪中飞、冰洁等品牌；或者是不同的品牌用在不同的产品上，例如上海家化有六神牌花露水、沐浴用品、佰草集牌的化妆品和高夫牌香水等。

其次，需要明确的是品牌延伸或扩张策略对在位企业或品牌的市场地位有什么样的意义，以及为何能够对新进入的企业或品牌形成对抗和阻碍。从规模经济和范围经济的角度来看，品牌延伸可以降低新创品牌的成本和市场风险，并最大限度地利用原有品牌已经形成的声誉。在位企业通常会将品牌延伸至不同的细分市场，或者为新创品牌设置不同的市场定位。当他们无法确定会出现什么样的竞争者，以及新的进入者是否会成长为实力相当的竞争对手时，最保险的做法就是在不同层次的细分市场上都推出自己的品牌；一旦在某一细分市场上遇到强劲的竞争对手，便立即加大投入予以反击，最大限度地防止新进入者发展壮大。因此，从市场竞争的角度来看，在位企业或强势品牌之所以采取品牌延伸或扩

---

① 戴维·阿克. 创建强势品牌 [M]. 吕一林, 译. 北京：中国劳动社会保障出版社，2004.

张的策略，就是要利用品牌创建的规模经济效应，在不同的细分市场上全面地阻止新进入品牌或竞争品牌。

最后，品牌伸延与扩张战略虽然可以用来阻止新进入者，但同样也存在着一定的风险。多品牌或品牌多元化无疑会分散企业现有资源；企业多个品牌在市场上的表现会相互影响，一旦一个品牌出现问题，则极有可能会牵连到其他品牌。

（四）品牌并购战略

尽管很多企业愿意根据自身的经验和已有资源去创建新的品牌，但也有大量的企业为了占领细分市场而采取一种更为直接和快捷的方式——品牌并购来实现目标。近年来，企业与品牌并购的案例不断涌现并呈增长趋势。得益于国内经济的发展，我国一些企业随着资金实力的增长，也开始在全球范围内开展企业与品牌并购活动。从早期的联想并购IBM个人电脑业务，到后来TCL并购法国汤姆逊，安踏收购斐乐（FILA），吉利收购沃尔沃，等等。从品牌发展的角度来看，并购不仅使我国企业获得了极为优质的品牌资产，极大地缩短了品牌创建的周期，加快了品牌国际化的进程，同时也帮助他们获得了更加强大的产品研发能力、更为广阔的海外销售渠道以及更先进的品牌管理模式和经验。由此可见，并购的收益是显而易见的。然而，从商业发展史来看，并非所有的并购都是成功的，甚至有些并购从发起之后就终止了，实际的并购根本没有发生。这就是企业在自创品牌策略与品牌并购策略之间进行权衡的结果，以及强势品牌的并购对市场结构和市场竞争的影响有可能引起市场监管者的关注，从而根据消费者利益的损益情况来评判并购的可行性。

品牌并购通常可以分为横向并购、纵向并购和混合并购。横向并购是指同类产品品牌之间的并购，例如2010年欧莱雅收购"小护士"的案例；纵向并购则是指产业的上下游品牌之间的并购，例如富士康收购夏普品牌的案例；混合兼并则是指一个企业同时存在上述两种并购方式，或者是并购关联度较低的产品品牌。产业组织理论的研究表明，在一个只有少数几个企业的行业中，处于领导地位的两个品牌进行横向兼并，将改变行业中所有企业的战略行为，并提高未兼并品牌的市场地位。另外，横向兼并可以降低两个品牌的固定成本和可变成本，包括合并公司总部、研发部门、合用销售渠道以及营销资源等。也就是说，品牌之间的横向兼并一方面增强了两个兼并企业的总体市场竞争力，但对于其他未兼并的品牌而言，也并非没有机会，他们有可能因为竞争对手数量的减少，以及寡头垄断企业刻意地减少产量，或者提高品牌的总体市场行情价格而从中获益。[①] 而品牌的纵向兼并则可以明显地减少竞争，实现市场排挤，领导品牌因此将获得更强大的市场势力。对于

---

① 林恩·佩波尔，丹·理查兹，乔治·诺曼. 产业组织：现代理论与实践 [M]. 4版. 郑江淮, 译. 北京：中国人民大学出版社，2014.

跟随品牌或者新进入品牌来说，一方面是寻求政府对于此类兼并的限制，另一方面则可以考虑采取同样的兼并策略。

第五节 企业创新与品牌化决策

一、企业创新理论

经济学发展史中最早提出创新概念的美籍奥地利经济学家熊彼特（J. A. Schumpeter）在其著作《经济发展理论》中认为，"所谓创新，就是建立一种新的生产函数，也就是说，把一种从来没有过的关于生产要素和生产条件的'新组合'引入生产体系。这种新组合包括以下内容：①引入新产品；②引进新技术，即新的生产方法；③开辟新的市场；④开拓并利用原材料的新的供应来源；⑤实现企业的新组织。"在熊彼特开创性研究的引领下，随后越来越多的经济学家将创新纳入主流经济学领域的研究中。传统的新古典经济理论在分析企业生产决策时，通常假定技术水平不变；但事实是，企业在不断地创新发展，产品与技术的开发与研究，从根本上改变了原有的生产函数，不但有可能降低了生产的成本曲线，而且增加了产品种类，甚至改变了市场竞争的结构。这些事实恰恰是被之前的微观经济学理论所忽视的，但在今天的企业生产与市场竞争中却显得极为重要。此后，创新理论进一步发展，并扩展到了宏观经济与发展经济学领域。经济学家罗伯特·索罗（Robert Solow）在哈罗德-多马经济增长模型的基础上，提出了可变技术系数的增长模型，他认为："技术发展是经济长期发展的原动力，利用科学技术比利用资本和劳动有更重要的作用。"

与企业管理密切相关的创新研究则主要集中在研究与开发理论（R&D）。比较一致的观点认为，研究与开发包括基础研究、应用研究和开发三种类型。基础研究主要是增加人类的知识总量，以揭示客观事物的本质和运动规律为主，例如牛顿三大定律、爱因斯坦能量方程等，这些研究一般不以商业应用为目的，所以很少有企业在基础研究上投入资金。应用研究以特定问题为目标，利用基础研究所发现的知识，探索新工艺或新产品的技术基础，但还没有进入实际生产的过程中。开发阶段则是利用基础研究、应用研究和实际经验所获得的知识，建立新的工艺、系统和服务，从而完成设计定型的新产品、新工艺和实验报告等。成熟的产品开发或工艺开发可以直接运用于企业生产，从而帮助企业在市场竞争中取得优势，并最大限度地获取经济利润。

二、创新与品牌发展

企业的创新活动在早期是由科学家发明创造的兴趣与热情引起的，例如通用电气、奔驰汽车等企业的诞生都得益于其创始人的科学发明；到了市场环境中，企业的研发工作就不再是科学家、发明家的个人行为了，而是关乎企业竞争优势与利润创造的一种企业经营战略。经济学的研究发现，无论是大规模的企业集团，还是起步初期的中小企业，在市场竞争的压力下，都存在着创新的动力与偏好，并且不同规模的企业其创新的特征各不相同。正因为如此，在品牌发展的过程中，无论是培育阶段，还是成长阶段，或者是成熟阶段，都需要通过创新的驱动来促进品牌的发展。企业创新对于品牌发展至少具有如下一些作用。

（1）延长品牌生命周期。当今时代，科技日新月异，新发明、新技术的出现，有可能从根本上改变人们的生活方式与消费趋势，早期电视机的发明改变了人们的休闲娱乐方式，计算机互联网的出现不但革新了人们的生活，甚至将人们所有的心理与行为都彻底地进行了重塑。消费需求也因此而变化多端、不可捉摸。此时，唯有不断地创新，才有可能跟上时代的步伐，持续地吸引消费者的关注与选择。同样，企业的品牌在瞬息万变的市场环境中，如果不能保持新鲜、年轻与活力，则很容易被市场所淘汰。品牌与产品一样，也会表现出导入、成长、成熟和衰退这样四个阶段的生命周期，只不过品牌有可能通过产品或营销的不断更新来超越短暂的生命周期，甚至将濒临消亡的品牌从死亡的边缘拯救回来。产品创新与改进是不断为消费者创造价值与效用的增值过程，消费者在品牌创新中培养品牌忠诚，从而长期地追随某一品牌，此时品牌就会表现出超长的生命周期。如表3-4所示，除了一些互联网品牌之外，其他品牌都有几十年甚至上百年的历史，并且他们直到今天仍在进行着产品或营销的创新。

（2）形成产品差异。现代企业的研究与开发并不是将创造产品差异性作为目标，而是以消费者的需求为核心。企业研发的独立性和保密性，再加上在成熟的市场体系中，专利保护制度、知识产权制度等对发明与创造进行法律保护，有助于激励企业的研究与开发活动，从而在制度上保障了市场上产品差异性的存在。然而，品牌本身的作用也是将不同的产品与服务供应者区分开来，这一作用在当前企业营销中之所以变得日益重要，是因为许多产品都表现出一种同质化的趋势。同质化意味着产品的销售将在很大程度上不受企业的控制和影响，这显然是企业不愿意看到的。为了能在市场竞争中扩大产品销售，建立竞争优势，企业致力于在生产经营中构造一种有效的差异化，无论这种差异化是来自于产品本身还是品牌营销。产品的创新、研究与开发如果服从于差异化的战略，是可以有效地在产品性能、材质、外观等方面区别于竞争对手的。如果这些差异化再通过品牌推广传播给消费者，获得消费者的认可与接受，则对产品销售与市场竞争无疑具有正面和积极的影响。所以，企业内部研究与开发构建了产品物理属性方面的差异化，品牌推广则创造与传播了营销层面的差异化。

（3）改进产品品质。品牌维度下的产品品质是经过市场与时间检验的，相比于非品牌产品有更加优越的特质。有些学者就认为品牌产品的品质就是与其他备选产品相比的一种总体优越性，即"消费者对于某产品或服务的总体卓越性的判断"[1]。国内学者也认为品质是消费者在购买选择过程中，以产品属性为基础，对特定品牌产品与其他备选品牌相比作出的有关专门性和优越性的评定[2]。虽然多数学者都认可品牌产品品质的优越性来自于消费者的评价，但不可否认的是，这种优越性的根源在于企业的生产过程。在生产过程中，除了机器设备、工艺流程和生产经验等多方面影响着产品品质，产品的研发也在很大程度上决定着产品的品质。企业的研发部门经常性地研究如何在现有的成本与价格体系下，使用更好的产品材质、更合理的零配件组合、更美观且实用的外形设计、更丰富强大的使用功能等等。这样的研究与应用，并不一定是要开发出新的产品门类，而是将现有产品根据市场的需求，改进其可靠性、规范性、耐用性、美感等品质表现，使之继续优于竞争产品和品牌。戴明的质量管理理论就认为应当在产品设计与开发过程中重视顾客对质量和价格的反应，并根据他们的反馈重新设计产品。面向可制造性的设计（Design for Manufacturability，DFM）理念也指出产品的设计与开发应当是一个能以最高质量水平有效生产产品的过程。

（4）丰富产品种类。产品的研究与开发，在改进产品品质之外，另一个可能的方向就是围绕核心产品开发更多的相关产品。这既是品牌扩展与延伸的需要，也是强化市场竞争的需要。企业通过产品的研究与开发，在原有优势产品的基础上，衍生出符合市场需求的不同种类、不同规格、不同配方的产品，从而与核心产品形成门类齐全的产品线或产品组合，以维持现有的市场份额或者攫取更多的市场份额。

三、创新与企业成本

现代市场竞争环境下，企业的品牌化战略必然包含着创新策略。然而，创新也一定意味着企业成本的提高。企业的创新成本既包括了固定成本，如研究与开发所需要的实验场所、器材、仪器、设备等，也涉及许多可变成本，如实验材料、人员工资、管理费用等。这些成本同样应当纳入企业的总成本当中，此时需要分析的问题是，在开展创新活动的前后，企业的成本构成发生了怎样的变化。

一般地，企业研发成本对总收益的影响同样可以分为短期和长期两个阶段。在短期内，研发费用的投入必然增加了企业成本，即总成本 TC 上升为 TC'；长期来看，企业的研发投入将提高产品差异化和竞争力，从而获得更多的收益，即总收益从 TR 增加为 TR'；如果总收益提高幅度大于成本上升幅度，则企业将获得因研发而产生的超额利润（见图3-7）。

---

[1] Zeithaml Valarie A. Consumer Perceptions of Price, Quality, and Value: A means-End Model and Synthesis of Evidence [J]. Journal of Marketing, 1988, 52 (2): 2-22.

[2] 郭晓凌. 消费者品牌敏感：模型与实证 [M]. 北京：对外经济贸易大学出版社，2007.

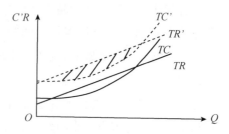

图 3-7　企业研发成本引起的收益变化

当然,这个过程的前提条件是企业的研发是成功的、有效的,并且为企业增加了收益。但在现实中,情况更加复杂。因为研究与开发总是存在着风险,既有可能成功,也有可能失败。有些产品即使是在实验阶段成功,也有可能在市场销售阶段失败。新产品的研究与开发,不同于基础研究与应用研究,其成功的唯一标准是市场。如果新产品在市场上不成功,那么与之相关的研发投入,甚至产品推广费用等,都成为一种沉没成本。此外,还有一种可能是虽然新产品在市场上被消费者所接受,但投放初期的收益并没有预期的那么高,则在一定时期内也有可能使总收益下降。

纵观企业与品牌发展的历史,总体的趋势是处于行业领导地位的企业与品牌越来越重视产品的研究与开发,并且在这方面的投入日益增加。很多企业不仅从研发投入中获得了丰厚的收益,而且也得到了社会的认可与巨大的声望(见图 3-8)。与此同时,这些企业的品牌价值同样也是排名靠前,也就是说企业的研发投入与品牌价值存在着某种相关性。

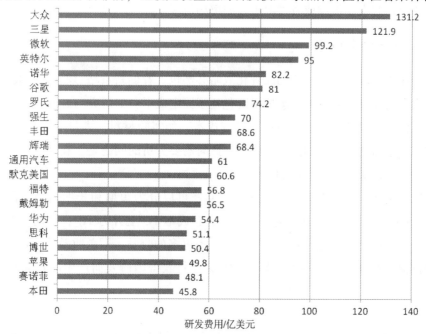

图 3-8　2015 年研发费用排名前 20 的企业

资料来源:根据欧盟 IRI 研究机构公布数据整理

四、创新与品牌推广

创新产品在企业内部研制成功并批量生产之后，接下来就是面向市场进行广泛的推广与销售。应当看到，现代企业营销与品牌运营过程中，已经十分注重产品研发之前的市场调研与消费者研究，也就是说，产品的研发变得相对谨慎且有针对性，但这仍然不足以保证产品在市场上的表现就一定能达到企业的预期。因为任何一种市场调研与预测都无法完全判断出市场需求的真实情况与变化，此时企业唯一能做的就是继续花费资金去推动市场接受创新产品。客观上，新产品的推广便成为品牌推广的一部分，更特别地，如果新产品恰好使用新品牌，则两者几乎完全等同。

关于影响创新产品推广与扩散的市场因素可以划分为消费者与产品两个方面。从消费者层面来看，包括消费者所处社会的现代性、价值观、同质性和文化相似性。一般来说，较为现代化的社会，并且具有相似的价值观，社会成员同质性较高（包括民族、收入水平、社会地位、文化背景等），则创新产品比较容易推广。比如在20世纪60年代的日本，众多的创新产品，如随身听、踏板车、电饭锅等能够迅速地进入千家万户，这与当时日本民族的单一性、收入水平普遍提高以及对和平年代生活的向往有着很大关系。

涉及创新产品的推广，与消费者相关的另一个研究方向，则是消费者个体特征对创新扩散的影响。对同一种创新产品，不同消费者采用的时期有先有后，在所有购买产品的消费者中，有些人总是率先在产品刚刚上市时就进行购买，而有些人则会等到其他人购买之后才会去尝试。罗杰斯（E. M. Rogers）根据接受创新产品快慢的差异，将采用者分为五种类型，即创新采用者、早期采用者、早期大众、晚期大众和落后大众，且这些群体的数量呈正态分布（见图3-9）。

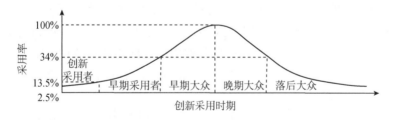

图3-9 创新产品消费者分类

更多的研究表明，创新采用者通常在所有消费者中只占很小的比例，约2.5%左右，但他们对消费趋势却有着较大的示范与带动效应。他们一般具有较高的收入水平，受过良好的教育，富有冒险精神，具有较高的流动性，且相对年轻。创新采用者会充分利用各种广告媒体、推销人员和专业性信息来了解创新产品，并且把这些信息传递和分享给周边的人群。与创新采用者比较接近的是早期采用者，但他们相对谨慎，也更多地从创新采用者那里获取信息。但他们也是事业有成，受过良好教育，且比较年轻。他们购买创新产品，并不完全是因为产品的创新属性（即新颖性）吸引了他们，而是发现创新产品能给他们的生活带来更多的便利和乐趣。这些人通常占消费者数量的 13.5% 左右。剩余的大部分则是早期大众、晚期大众和落后采用者，他们年龄较大、相对保守，对新产品抱有疑虑和担忧，接受新事物普遍较慢，但最终还是会受到消费趋势的影响而购买新产品。由此来看，新产品与新品牌的推广，首先应当针对创新采用者和早期采用者，即便是一些已经成熟的品牌，在开展新的营销战略时，最好也要针对这部分人群，才更容易地被市场所接受并扩散开来。

另外，产品本身的创新程度，也在一定程度上影响其扩散的速度和范围。包括产品的相对优势，即创新产品相比于市场上现有产品所具有的明显优点，如更强大的功能、更便宜的价格、更可靠的品质等；可试用性，即是否向消费者提供试用产品；可观察性，即创新产品是不是外在的、容易被观察到，如服装、汽车、首饰等；兼容性，即创新产品与消费者的生活方式、价值观念和以前的消费经验在某种程度上相一致，例如除草车已经进入美国的普通家庭，但在中国家庭消费市场并不畅销，这是因为人们的日常生活并不需要这种产品；复杂性，一般来说，使用复杂程度越低的创新产品，被采用的速度越快，成功的可能性也越高。

五、消费者接受创新产品的态度分析

创新产品的消费也是具有风险的，在上述不同类型的创新产品采用者中，较晚期的使用者大多属于风险厌恶型，他们只有在观察到很多人使用且确保产品没有相应风险之后才会购买。但早期的采用者，并非没有意识到新产品可能存在的风险，只是他们一方面有能力承担新产品不成功带来的风险，另一方面他们更愿意尝试新产品的成功而赋予他们的优越感和自信心理。经济学中，期望效用理论与风险规避理论讨论了消费者对于可能获得的收益与损失产生的不同态度。假设一个消费者对于新产品的期望效用小于或等于产品本身带来期望值的效用，即消费者对新产品的功能或作用并没有太大的兴趣，则该消费者是风险厌恶者（risk aversion）；如果消费者既不讨厌也不喜欢新产品，则认为他是风险中立者（risk neutralist）；如果消费者对新产品的期望效用超过期望值的效用，则他是风险偏好者（risk preference）。设 $Z \to [0, 1]$，创新产品 X 的期望值为 $E(X) = \sum_{X \in Z} xp(x)$（如果创新产品的效用是一个连续分布的数值，那么 $E(X) = \int xp(x)dx$）。此时，其效用结果可以表示为

$$\sum_{X \in Z} u(x)p(x) \begin{cases} < u(\sum_{X \in Z} xp(x)), & x \in [0, \frac{1}{2}) \\ = u(\sum_{X \in Z} xp(x)), & x = \frac{1}{2} \\ > u(\sum_{X \in Z} xp(x)), & x \in (\frac{1}{2}, 1] \end{cases}$$

其中，X 的取值为 x 的随机变量，表示创新产品可能带来效用（取值为1），或者不能（取值为0）；连续函数则表示这种可能性是连续的，人们对新产品效用的感受程度从小到

大发生变化。利用詹森（Jensen）不等式，令 X 为非退化随机变量，$f(X)$ 为该随机变量的严格凹函数，则 $Ef(X)<f(E(X))$，如图 3-10 所示①。

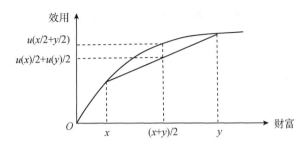

图 3-10　创新产品实际效用与期望效用的差异

如图 3-10 所示，弧线表示创新产品的期望效用值，向右上方倾斜的直线则表示消费者所感受的实际效用值。在财富量较小时，消费者对创新产品的期望值不高，期望值与实际值之间的差异也不大。一个可能的解释是，低收入者由于收入水平所限，获得了有限的新产品，但对其评价较高。然而，随着财富的增长，消费者对于创新产品的实际效用与期望效用的感知差异逐渐增大，随后又逐渐缩小。也就是说，中等收入的消费者可能是风险厌恶的，不太愿意尝试新产品；直到消费者的收入达到一个较高的水平，此时他们对新产品的期望效用趋于平稳，并且具有一定的风险偏好，更愿意去尝试创新产品。

以上是对不同收入水平的消费者如何看待创新产品所作的分析，表明了财富与创新产品的接受程度有着一定的相关性；此外，对消费者的年龄、受教育程度、性别等变量也可以在某种程度上进行类似的分析。由此而得到的结论为企业的创新产品与品牌推广提供了方向。

第六节　企业品牌竞争的理论与模型

在分析了品牌化对于当前企业竞争的必要性以及可能涉及的各方面因素之后，有必要对企业品牌化战略的前景进行综合的评价与总结。实业界与理论界共同关心的一个问题是，如何找到一条可行的道路，使得新的品牌（新创品牌或者进入新市场的品牌）可以突破原有的市场壁垒，并逐渐地发展壮大。幸而品牌发展历史告诉我们，这样的事情不但曾经发生过很多，而且仍然在不断上演。因此，似乎有必要构建一种新品牌挑战成熟品牌，并最终成长为成熟品牌的理论与模型，来归纳或解释这样一种历史规律。

一、品牌竞争与突破的现有理论

（1）迈克尔·波特的竞争战略理论。与市场竞争相关的最著名的理论莫过于迈克尔·

---

① 田国强. 高级微观经济学 [M]. 北京：中国人民大学出版社，2016.

波特的产业竞争理论。他在《竞争战略》这一经典著作中为我们展示了三种不同的竞争战略：总成本领先战略、标歧立异战略和目标集聚战略。总成本领先战略是指积极地建立起达到有效规模的生产设施，在经验基础上全力以赴降低成本，抓紧成本与管理费用的控制，以及最大限度地减小研究开发、服务、推销、广告等方面的成本费用，从而使自己的成本低于竞争对手，在其他公司利润减小甚至消失时，自己还能拥有较高利润。标歧立异战略是将公司提供的产品或服务标歧立异，形成一些在全球范围内具有独特性的东西，例如设计或品牌形象、技术特点、客户服务、经销网络等方面。目标集聚战略要求企业主攻某个特定的顾客群、某产品系列的一个细分区域或某一个地区市场。只要企业能够以更高的效率、更好的效果为某一狭窄的战略对象服务，并且超过更广阔范围内的竞争对手，就同样能够在市场上立足。①

（2）戴维·阿克的创建强势品牌理论。"品牌资产"理论的奠基人之一戴维·阿克虽然并没有直接给出品牌竞争的战略方法，但他着重分析了在竞争环境中创建品牌可能遇到的一些困难和阻碍因素。其中与竞争直接相关的包括价格竞争的压力、竞争者的扩张等因素。他注意到，价格竞争的压力不仅来自于竞争者，品牌的零售商在发展壮大的过程中，也会向供应商或制造商施加降价的压力。此外，营销费用中有很大一部分被用于价格促销。由此他认为品牌供应商应当想方设法降低成本。对于竞争者的扩张，戴维·阿克指出，新增的品牌竞争者不仅加大了价格压力和品牌的复杂性，同时使获得并保持市场定位变得更加困难。为此，他给出的建议包括建立、保持和管理作为品牌资产基础的四种资产——知名度、认知质量、品牌忠诚度和品牌联想；有效地开发品牌识别；管理内部力量和压力等。②

（3）国内学者的品牌竞争理论。20世纪90年代中后期以来，我国对品牌及其相关理论的研究日益丰富。其中，有关品牌竞争和品牌竞争力的看法也层出不穷。王永贵认为，品牌竞争力是品牌参与市场竞争的一种综合能力，是由于其特殊性或不易被竞争对手模仿的优势而形成的占有市场、获得动态竞争优势、获取长期利润的能力。这些具体体现在品质、形象、个性和服务等各方面。李光斗认为品牌要在市场竞争中胜出，一方面需要有良好的内在产品功能要素，如用途、品质等，另一方面则具备外在的形象要素，如图案、色调、包装、广告等。余明阳等人则通过探讨品牌竞争力的来源，试图构建起完整的品牌竞争力评价体系，并在此基础上提出了提升品牌竞争力的相关策略。

上述品牌竞争理论无疑为企业开展品牌战略，打破现有市场竞争格局，树立品牌形象并占有一定市场份额提供了一些可行的思路与借鉴，但从实践的角度来看，却也存在着过于抽象、复杂的问题。企业在参与市场品牌竞争的时候，最关注的还是如何超越竞争对手，从而使自己的品牌能够长期在市场上生存发展下去。因而，如果对前面所提到的这些

---

① 迈克尔·波特. 竞争战略 [M]. 陈小悦, 译. 北京：华夏出版社, 1997.
② 戴维·阿克. 创建强势品牌 [M]. 吕一林, 译. 北京：中国劳动社会保障出版社, 2004.

理论进行归纳，可以发现，企业品牌竞争的基本要素无外乎产品和营销两个方面。问题的关键是企业如何在特定的市场环境中充分构建并发挥这两方面的优势，从而达到品牌致胜的目的。

二、品牌突破的消费者心理基础

品牌研究中一个可见的共识是，品牌的传播与推广离不开消费者的认知与接受。同样的，新建品牌想要在原有的市场格局中占有一席之地，就必须建立在消费者的心理基础之上。也就是说，当品牌所处的市场趋于饱和，并且市场上已经有一个或几个领导品牌，新品牌要获得成功就必须突破固有的市场壁垒，而且这样的突破必须基于消费者的某种心理需求。可喜的是，社会学、心理学、经济学和营销学等方面的研究证明并支持了新品牌获取一定市场份额的可能性与可行性。

当前的社会消费行为，几乎在各种类型的消费品上都表现出明显的流行性特征，例如服装、饮食、休闲娱乐、家居装饰甚至电子产品、私人汽车、医疗保健等等。因此，在这些产品或行业中，都存在着建立品牌的可能性。然而，首先需要解释的是社会的商品消费为何会表现出一种流行现象。社会认知心理学指出流行首先是人们出于模仿的天性或本能引起的。模仿的学习论者认为，模仿是对榜样行为的学习，是社会榜样的一种影响方式；当对少数榜样的模仿发展成为规模较大的模仿，即成为多数人的共同行为时，就形成了流行现象。其次，是人们对现行社会束缚、制约的反叛情感的一种表达方式。当人们长期生活在一定的社会条件下，受到种种社会规范的约束与限制，就会以相对独特的方式来宣泄情感，这种方式演变成群体行为时，便是流行。最后，也有人将流行看作是声望群体的竞争形式，即精英阶层试图以一些明显的标志使自己与其他阶层相区别，而其他阶层（特别是下层阶级）则希望通过采用这些标志而抬高自己的社会地位。虽然关于流行这一现象的解释有着不同的看法，但流行会带动较大规模的相同或者相似消费行为则是一个客观事实。正是流行这一社会心理与行为的存在，产品或品牌的广泛传播与销售才成为可能。越来越多的企业和品牌通过改进产品的设计与功能，使之符合流行心理和流行文化，从而达到产品销售的目的。上述不同的流行理论，其实都表明了消费者试图通过产品的购买与消费，或者与大众保持一致，或者满足追逐新奇的心理。

那么，既然已经有一些产品或品牌通过抓住流行心理而成长为市场的在位品牌甚至是领导品牌，新进入的品牌如何与之展开竞争呢？社会流行现象的另一个重要特征就是具有循环性和变迁性。声望群体的竞争理论已经向我们展示，当下层阶级大部分人都采用了最初为上层社会所采用的消费品标志时，精英阶层又将引入新的区分标志，于是新一轮的流行又将展开，如此循环往复。同时，流行也是人的个性与社会性矛盾运动的结果。人作为一种社会性动物，必然从属某一社会群体，因而受到各种社会规范的制约。同时，人也是一个独立的个体，具有表现自我、体现个性以及追求差异性的需求与欲望。人们采用流行，一方面是出于模仿他人、适应社会的"协调性愿望"来体现人的社会性要求；另一方面，采用更新的产品与品牌，则折射出人们希望区别于他人的"差别化愿望"，是追求个性的表现。当原有的流行发展到一定程度，成为了社会普遍的行为规范，此时有些社会成员便开始产生厌倦或倦怠心理，进而去寻求更为新奇的产品或品牌来显示自己的个性。于是，这就为新产品或品牌的市场突破提供了可能与契机。

三、品牌竞争突破的战略模型

综合考虑品牌竞争的内外部环境、品牌发展阶段、竞争策略等因素，可以总结出一个简单明了的品牌竞争与突破市场壁垒的基本模型（见图3-11）。

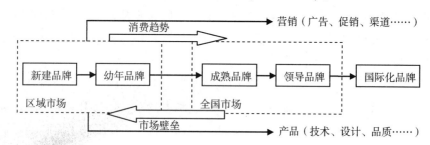

图3-11 品牌竞争与突破市场壁垒的战略模型

该模型中，品牌在创建伊始，往往处于一个范围相对狭小的区域市场中（强势品牌的扩展或延伸品牌并不在模型的考虑范围之内，因为这些衍生品牌的成长并非典型的自然成长过程），即便是成长到幼年时期的品牌，由于品牌知名度不高、企业内部资源不足等方面的问题，仍然无法与全国性的同类产品品牌展开直接的竞争。直到成长为较为成熟的品牌之后，才有可能逐步地参与国内市场的竞争。如果品牌在国内市场竞争中能够站稳脚跟，并且市场份额稳步提高，那么就有可能成长为国内市场的领导性品牌，随后在此基础上推进品牌的国际化战略。在这个过程中，无论是区域市场还是全国性市场，都存在不同程度的市场壁垒，这显然是一种阻止品牌成长并发展壮大的逆向力量；但与此同时，消费者也希望新品牌新产品出现，并尝试购买该品牌及产品的正向力量。新品牌一方面要借助顺向的消费趋势去克服逆向的市场壁垒，另一方面也要主动地采取竞争策略，与同类型的品牌展开正面的竞争。这里的竞争策略主要包括两个方面，一是营销层面的，即广告、促销、渠道等方面；二是产品层面的，即技术与研发、外观与设计、品质等。需要指出的是，新品牌参与市场竞争，并非要求在所有层面都超越市场上的现有品牌，只要在某一方面能够体现出优势或者差异性，就足以进入市场展开竞争。例如"王老吉"在刚进入市场时，就以去火作为诉求点；"沃尔沃"汽车品牌在宣传时则集中突出其安全性；"大白兔"则以奶糖这一种单品立足于市场；等等。有的时候品牌的这种优势或差异性甚至都不一定是产品层面的，也可以是营销层面的。例如百事可乐在二十世纪七八十年代所发起的"年轻化"广告战略成功地冲击了可口可乐的市场地位，以及国内白酒品牌"国窖1573"采取的营销策略为自己确立了高端白酒品牌的形象等。

第七节　企业品牌化决策的案例分析

基于微观层面的分析可以发现，品牌无论是对于消费者还是对于企业都具有特定的意义，品牌的重要性不言而喻。但仍然有许多的企业因为畏惧品牌创建的风险，而不愿实施品牌发展战略。特别是在一些竞争性行业里，市场上已经存在着数个强势的领导品牌，其他的跟随企业更加怀疑品牌创建的必要性以及成功的可能性。那么，在这样的行业里，以及在其他各种类型的市场结构中，是否有跟随企业突破原有的竞争格局，将自己的品牌打造成能与领导品牌直接竞争的强势品牌呢？当然有，在品牌发展的历史过程中，这样的例子不胜枚举。例如百事可乐对可口可乐在碳酸饮料市场上的领导地位发起的挑战，苹果智能手机对诺基亚手机的超越，特斯拉电动汽车品牌的迅速崛起，王老吉凉茶在国内饮料市场上异军突起，等等。无数的例子都说明了，即便是在今天这样一个竞争日趋激烈的商业时代，即便是在一个看似已经比较成熟的市场结构中，仍然有可能通过不断的产品创新，以及独特而有效的品牌策略，将一个新兴的品牌发展成为强势品牌。这既是企业发展战略的崇高目标与导向，也是国家和地区发展品牌经济的依据与可能性。我们可以通过一个发生在近些年的实际的案例来深入地剖析，一个新兴品牌的发展壮大，需要具备的战略导向与品牌策略。

【案例】

一个新生品牌，超越了阿迪达斯，一下跃居为北美第二大运动品牌。在中国人眼里，它甚至还是一个小众的品牌，如何就有了叫板耐克的底气？

1. 为什么是它

多年以来，阿迪达斯、锐步等挑战者，都试图动摇过耐克的霸主地位，但都没能成功。一个不到20岁的体育新兵安德玛（简称"UA"）的出现，却让耐克坐立难安了。

成立于1996年的安德玛，自2014年以来，经历了让人惊叹的指数级增长，不仅在北美的销售业绩超越了阿迪达斯，成为美国第二大运动品牌，还凭借惊人的表现力，业绩一路高涨。

2015财年，安德玛收入总计39.633亿美元，比2014财年的30.844亿美元上涨28.5%，营业利润增加了15.4%至4.084亿美元，净利润增加了11.8%至2.08亿美元。

骨子里"年轻"、技术控，再加上体内躁动的互联网基因，成为了安德玛撼动传统大牌地位的底气。

2. 由点及面的产品体系

大多数人在锻炼的时候都不喜欢汗水浸湿衣服带来的黏稠感，曾是橄榄球运动员的凯文·普朗克对此更是深有体悟。每一次训练完之后，普朗克都十分厌恶自己身上的棉质T-shirt被汗水浸透的感觉。"如果能有一款干爽、凉快、轻便的功能性运动衣，应该会很受欢迎。"

体育用品最重要的特质就是场景需要、穿着舒适和运动精神。无论是运动爱好者，还是运动员，他们在做运动、练习或者比赛时，运动服都是基本的需求。与运动员的刚需不同，有一些人则是喜欢穿上运动服之后那种充满活力、积极向上的感觉。

因此，大多数运动服制造商，都会按照消费者心中的欲望去创造不同的运动概念，演绎运动品牌。比如，2014年，阿迪达斯发布的以"姐妹周末运动"为概念的女子系列产品，正是为了鼓励女性和自己的姐妹相约去运动，去享受运动的快乐。

一般的运动爱好者对服装的要求可能更多来自情感诉求，但运动员不同。他们不仅想借助更好的装备在比赛中胜出，还希望通过穿上专业装备，展现出自己肌肉的力量与健美。

安德玛的紧身衣以微纤制作为主，透气、快干、舒适，能够有效减少摩擦，协助肌肉发力，并且有助于运动员提高成绩。因此，当安德玛推出第一款高性能紧身衣时，便迅速俘获了众多健身爱好者及专业运动员的心，打开了"功能性运动产品"的大门。

但这还没结束，通过不断改良升级紧身衣产品，安德玛还衍生出了不同的系列。比如，有"热衣系""四季衣系""冷衣系"等。配合不同环境的需要，不同系列的产品都有不同的功能。

热衣系的服装主要是加快散热，而冷衣系的服装主要在于保持体温及干爽，四季衣系则可以保持干爽凉快。安德玛紧身衣的目的都是确保运动员穿上这些紧身服后，在任何气候下做运动，都能发挥出最高水平。时至今日，安德玛的紧身衣产品已经历了60多次迭代升级，市场占有率超过70%。

尽管紧身衣已成为安德玛的象征，但始终是一个细分市场，比较容易饱和。为了巩固市场地位，安德玛不断地丰富自己的产品线，推出更多的新产品，包括更多紧身运动服、女性服装、篮球运动鞋等，并将功能服拓展到更多领域。

针对不同运动项目及气候，安德玛设计出了不同功能的产品，如雪地服、赛马服、减肥服、击剑防护手套和拳击短裤等。比如"猎人套装"，它的设计适合了头、身、手、脚各个部位的需求，高韧度纤维的材质，不容易破烂和磨损，并且具有多种天然的保护颜色，完全适应野外捕猎的恶劣环境。"钓鱼服"则以轻便简约为主，防紫外光的材质能有效保护皮肤，快干的纤维面料匹配了钓鱼易沾水的环境。人们穿上这样的服装出海钓鱼，就不用担心紫外线太强而灼伤皮肤了。

3. 营销方式多样化

丰富的产品线只是品牌打开市场的第一步，想要继续扩大市场，除了产品，还需要有强势的营销。在安德玛最初进入市场时，普朗克推崇口碑营销，希望通过优质的服务来制造舆论声音。以一传十、十传百的方式，让运动员知道安德玛这一个专业的运动品牌。

据说有一名球员在比赛前一天遗失了球衣，球队经理人找了许多生产商赶货，但都不能在一天之内赶制出来。最后，是安德玛帮了他。这一件事在球队中一经传开，安德玛的品牌形象，以及专业度就迅速得到了传播。

然而，想要有规模上的质变，单纯的口碑营销已经不足以扩大品牌的知名度了。借力明星进行市场营销及社会化营销便成为了安德玛推广的重心。

一直以来，以球星代言带动销售都是运动品牌惯用的营销手段，因为球星与球迷粉丝之间的黏性相当强。当年耐克签下乔丹，并借势推出"乔丹气垫系列"，一年内此系列的销售就超过了1亿美元，销售额3年内上升了3倍。

2013年，库里与耐克的球鞋合同到期，安德玛随即便将其纳入麾下，并为库里打造了"库里一代"专属球鞋。

2015年9月，库里携带"UA库里二代战靴"现身北京，开启了自己为期3天的中国行。从北京到重庆，再到上海，库里所到之处，现场均异常火爆。众多粉丝从各个地方赶来，只为一睹"萌神"库里真容，并现场观摩他精湛的球技。在与球迷的互动环节中，一位女球迷在参加投篮比赛时屡屡不中，库里甚至亲自为该球迷当起了球童。

库里此次中国行不仅增强了与粉丝之间的黏性，更助力安德玛在中国的落地，为其日后全面打开中国市场，奠定了基础。

无疑，安德玛的选择是正确的。

随着库里带领勇士夺得了NBA2014/15赛季的总冠军，并荣膺本赛季MVP后，安德玛的球鞋销量提升了754%，并一举超越阿迪达斯位居北美球鞋市场第二名，仅次于耐克。

1月29日，安德玛股价上涨23%，每股上涨15.49美元，达到84.07美元。在2015年第四季度中，安德玛球鞋销售额达1.6688亿美元，几乎是2014年同期8580万美元销售额的两倍，运动服的销售额增长22.2%至8.648亿美元，配件销售额增长23%至9710万美元。其中，盈利的最大驱动力就是球鞋，其销量增长了95%，并主要源于库里的签名篮球鞋系列，以及扩展后的跑鞋业务，而库里的球衣销量相比去年更是上涨了近600%。

除此之外，安德玛还与漫威、DC合作，并适时推出了"钢铁之躯"紧身衣，以及超级英雄系列服饰。在《美国队长2》中，看着穿着耐克服饰的配角英雄猎鹰，站在身穿安德玛紧身衣的美国队长面前，一种屌丝撞上高富帅的即视感便油然而生。2014年，当《变形金刚4》上映时，安德玛还推出了以擎天柱和大黄蜂为图案的主题紧身衣。

4. 以"社区+"挑战"Nike+"

"我注意到，现在大家采访我的时候，主题已经不集中在运动服饰上，开始谈科技了。"普朗克曾这样说。

确实，20岁不到的安德玛很好地适应了这个互联网时代。不管在社交平台还是在数字技术方面，都让人看到了它狼性的互联网科技基因。

"一个做产品的公司，想做硬件很正常。它们懂分销渠道、懂销售、懂推广。但当它们真的开始涉足这一领域，却发现运动数字产品最终的驱动力，还是在（由运动爱好者构成的）社区。"这或许是安德玛打造数字业务最真实的原因。

一方面，通过社区庞大用户群带来的大数据，可以为企业从产品研发到推广再到销售的整个链条提供驱动力。另一方面，虽然目前安德玛保持着强劲的增长势头，但想要撼动耐克在运动市场的地位，仍然有很大的差距。而耐克在数字领域布局了 10 年，却依然没能构建出一个打通全部产品的平台。如果安德玛能率先构建起运动健康生态，或许可以成为其围攻耐克的另一把利器。

近两年，安德玛在各类健身、营养类 App 上投资了 7.1 亿美元，先是在 2013 年重金收购了一款运动健身应用 Map My Fitness。去年又连续收购了健康及营养追踪应用 MyFitnessPal 和社交性运动追踪软件 Endomondo。并因此建立起了一个拥有 1.6 亿用户的数字运动健康社区，规模堪称全球第一。

为了进一步实现自己的野心，完善社区生态体系，今年 1 月，安德玛又与 IBM 合作，将共同开发一款集运动锻炼与健康管理于一体的 App——UA Record 3.0，正式对标耐克的 Nike+。

伴随软件迭代一起推出的还有一系列硬件设备，包括今年在 CES 展会上与 HTC 联合发布的互联网健身系统——UA Health Box，用于监测、管理等一系列影响人们健康的因素。同时还有三款可穿戴设备，包括智能手环 UA Band、心率带 UA Heart Rate 和智能体重秤 UA Scale，并可以搭配之前推出的 UA Speed form Gemini2 运动鞋使用。

随着在运动与健康领域上软硬件的结合，安德玛的运动健康社区已初见雏形。从入门级用户（满足于软件记录）到重度使用者（软硬件配合使用），从前端硬件支持到后端软件分析，从运动、健身再到健康管理，安德玛都已经布局好了。

资料来源：百度知道. 安德玛凭什么跟耐克叫板［EB/OL］.（2017-11-9）［2018-11-2］https：//zhidao.baidu.com/question/436227217705068484.html.

在该案例中，首先，我们看到的是企业的产品创新。在运动服饰市场中，全球范围包括北美市场，在拥有了耐克、阿迪达斯两大品牌之外，还有锐步、匡威、彪马等二线品牌。他们的产品线涵盖了足球、篮球、田径、网球等几乎所有体育运动项目，这一市场看似已经饱和，新产品不太可能冲破这些品牌所构建起来的市场结构。然而，安德玛先是起步于日益增长的健身锻炼产品市场，推出了透气、快干、舒适，能够有效减少摩擦，协助肌肉发力的紧身衣系列产品。随后，他们并没有停止产品创新，而是相继推出了"热衣系""冷衣系"和"四季衣系"产品，其紧身衣系列产品甚至已经经历了 60 次产品迭代升级。为了扩大市场，安德玛再次将产品系列延伸到更多紧身运动服、女性服装、篮球运动鞋等，并将功能服拓展到更多领域。以及针对不同运动项目及气候，安德玛设计出了不同功能的产品，如雪地服、赛马服、减肥服、击剑防护手套、拳击短裤等。正如前文所分析的，持续的产品创新带来了更高的品质、更加多样化的产品类别，并帮助该企业和品牌逐步进入原本属于耐克、阿迪达斯的运动用品市场，重新划分了市场格局。

其次是在开始时专注于一个细分市场。可以说任何一个新兴的品牌，在初创之时就试图构筑起全面而广泛的产品线，都是不现实且不可行的。因为在品牌初创期，无论是在产品差异、广告宣传，还是品牌忠诚等方面，企业都面临着较高的市场壁垒，从而无法全面地进入某一市场。品牌发展战略理论认为，在品牌成长的初期，由于企业资源有限，必须集中于较为单一的细分市场,这样才能确保产品研发、市场营销、品牌传播等经营活动获得最充分的资源;同时,企业在一开始长期专注于单一的市场,有助于他们更加深入地了解和把握该市场的需求,从而最大限度地满足这一细分市场。安德玛在发展初期只是为了满足健身锻炼爱好者某一方面的需求,开发出了较为单一的紧身衣产品系列。幸运的是他们坚持在这一细分市场上继续研究并发现了消费者的多样化需求,并通过开发不同系列的产品去迎合市场。直到该企业已经达到一定规模,品牌知名度也已在相当大的范围内建立起来之后,他们才开始扩展到其他运动项目的产品市场中。

再次是极具针对性的、恰当的营销与品牌推广策略。显而易见的是,安德玛早期的紧身衣产品主要针对健身爱好者,这些人属于年轻化的人群,比较容易接受新事物;再加上产品本身相比于市场上现有的产品具有明显的优势,同时服装又是一种可见性较高的商品,因此就比较容易扩散开来。但是,小范围的口碑传播还不足以占据大量的市场份额,也无法支撑起全面而多样的产品系列,此时就需要通过渠道、广告、推广等整合营销与品牌传播策略来扩大销售范围与品牌认知度。有趣的是,安德玛品牌通过聘请明星代言的崛起过程与当年耐克的发家史有着惊人的相似性,原本被低估的体育明星其运动成绩突然爆发,从而引发了巨大的商业价值,进而成为品牌腾飞的强大助推器。这种现象看似巧合,实则体现了品牌运营策略的前瞻性与针对性。如前所述,品牌的运营,要么是帮助消费者减少信息搜寻的成本,要么是为他们提供额外的心理效用。明星代言的作用,恰恰在这两方面均有体现,这就是他们商业价值的所在。此外,企业在开展品牌运营的时候,也在努力寻找契合品牌精神的、优秀的明星代言人,由于明星代言本身存在着风险,企业采用这一策略并不总是成功的;但通过长期的不断尝试,企业总是可以寻找到合适的明星作为代言。安德玛正是基于对北美体育运动产业的深入了解,才发现了具有巨大潜力的形象代言人,因而获得了商业上的成功。

当然,他们的品牌推广策略远不止于此。借助明星的影响力,他们将市场扩张到其他国家,包括中国大陆地区,这同样也是一种品牌扩张策略。与此同时,采用多样化的品牌传播策略,包括与热门影视剧合作,在其中设置植入广告;聘请影视明星担任形象代言人;运用影视元素作为主题开展营销等。成功的产品创新与营销策略,吸引了年轻的消费者群体,并逐步扩散到更大的市场范围。

这一案例表明,在成型的市场结构中,尽管已经形成了较高的市场进入壁垒,但新品牌并非完全没有突破的可能性。品牌突破的关键在于以下两点:一是具有明显差异化的产品,这就需要企业不断地强化产品研发与创新;二是卓有成效的营销与品牌推广策略。在品牌发展的初期,如果由于成本的限制无法进行大规模的品牌宣传推广,则可以利用口碑传播、网络传播、人员推广等方式建立一定的品牌知名度。当品牌成长到一定阶段,则应当充分利用大众传播、形象代言、商业赞助等方式扩大品牌影响力。总之,持续的产品创新与品牌传播是强势品牌形成的两根主要支柱,缺一不可。

第四章 品牌经济的产业基础

第一节 产业经济与产业变迁

一、产业与产业经济

"产业"一词伴随着产业经济学的出现而被广为应用,但其概念却并不十分清晰。在汉语中,其与工业、行业等名词意义相近,而在英语中则都用"industry"来表示。经济学的研究认为,"产业"应当是由相近商品或服务、在相同或相关价值链上活动的企业共同构成的。具有某类共同特性是将企业划分为不同产业的基准。"共同特性"的选择,一是基于企业市场关系分析的需要,二是各部门或行业之内或之间中间产品均衡状态分析的需要。也有学者认为产业就是具有某种同类属性的企业集合,在产业组织角度上,产业是生产同类或有密切替代关系的产品或服务的企业集合;在产业结构角度上,则是具有使用相同原材料、相同工艺技术或生产产品用途相同的企业集合。当然,有关产业的定义与概念还有很多不同的表述,但纵观不同学说,分析其共同之处,可以发现产业的基本特点包括:①通常包括两个以上的企业。市场经济条件下,随着对完全垄断的限制日益强化,以及技术进步和竞争加剧,几乎没有一个行业或产业是由一家企业所独占。②产品具有一定程度的替代性。产业内各企业所生产的产品,要么是可以完全替代的,要么在某些方面的功能或用途上可以相互替代。

第二次世界大战后西方工业生产的迅速恢复带来了工业中间产品和最终消费品的极大繁荣,由此也促成了企业与企业之间的激烈竞争。任何一种产品,几乎都有至少两个以上的企业同时生产并销售;特别是那些进入壁垒相对较低的行业,企业的数量更是不计其数。此外,科学技术日新月异,促使了各种工业消费品更新换代的频率和速度不断加大;革命性的新产品往往在催生一个新产业的同时,将一个传统的产业击垮甚至埋葬。产业的更新与交替对一个地区乃至一个国家的经济造成了不同的冲击。这样的景象自然引起了研究者的注意和兴趣,产业经济的研究因此蔚然成风,蓬勃发展。产业经济学所关注的内容包括产业组织理论、产业结构理论、产业政策理论、产业布局理论、产业关联理论等,这些恰巧是当前各国政府在中观层面上推进经济发展的兴趣点;再加上这些理论不仅成功地吸收了传统与现代经济学的研究成果,而且将微观与宏观经济理论联结起来,从而使其变得更加精巧和有用。

二、产业的形成与发展

马克思主义者认为产业的形成来源于社会分工,人类社会从古至今经历了多次较为明显的社会分工。第一次分工是在原始社会的新石器时代,畜牧业从农业中分离出来;第二次分工发生在原始末期和奴隶社会初期,手工业从农业中分离出来;第三次分工则开始于奴隶社会初期,商业成为一种独立于农业与手工业的社会活动。到了18世纪末的工业革命之后,现代工业逐步取代农业而成为世界经济发展的主导力量,由于工业门类不断地分化和扩展,便形成了工业内部不断纷繁复杂的产业门类。如今,对于人类所有的经济活动,普遍被接受的划分方法称为"三次产业法",即第一次产业为农业,包括林业、畜牧业和渔业等;第二次产业为工业和建筑业;第三次产业则包括了上述二次产业之外的所有产业。这样的划分方法在过去的经济统计和研究中曾经有着重要的意义和作用,但随着时代的发展,这一方法的局限性也开始显现。纵观当前的人类经济活动,可以发现,一方面产业门类不断细化,新产业层出不穷,产业交替持续推进;另一方面,不同产业之间的相关性日益紧密,产业间的边界开始变得模糊,产业融合的趋势愈加明显。如今,人们的研究在更加注重单个产业发展的同时,也关注产业间的交互关系,因此,过于粗放的分类方法,其意义和作用正在削弱。产业发展的上述各种趋势,也为人们深入到产业内部去理解和分析产业演进与变迁的规律提供了素材。当前,人们更加关心的是什么样的产业将会兴起,其发展前景如何,什么样的产业将会消亡,消亡的过程是否能够延缓,等等。正是基于这样一些问题的研究成果,为政府的产业政策提供了参考的依据。

三、产业演进与变迁

既然产业本身是以同类产品为划分依据的,而产品通常存在着生命周期规律,那么产业是否也存在着生命周期的规律呢?关于这一问题至今仍然存在着争论。迈克尔·波特教授沿用产品生命周期假说,指出产业也会经历推出阶段、上升阶段、成熟阶段、衰退阶段,只不过有时各阶段的持续时间随产业的不同而不同,并且现实中很难判断一个产业究竟属于生命周期的哪一个阶段,有时产业的发展阶段并不是连续的,而有时企业可以对产品进行创新或重新定位,延长产品以及产业的生命周期,等等。因此,建立在产品基础上的产业演进呈现出多种多样的可能性。

在产业发展的初始阶段,一种或几种创新产品的引入,就有可能促使产业朝着快速成长乃至全面繁荣的景象推进。波特认为,产业的演进和"任何演变一样,是因为某些运动中的力量产生变化的诱因和压力而发生演变",并且"演变过程推动产业朝着它的潜在结构发展"。但演变过程由于"创新、技术开发、产业中或打算进入此产业的某特定公司的本身(以及资源)对演变如此重要,产业演变不仅难以确切预测,而且因运气不同会以多种速度、按多种方式演变"。① 这样的判断，显然难以令人感到乐观。产业政策的推行，往往需要建立在可靠的预测之上，但产业的演进是如此复杂多变，因而基于产业演进规律的政策显得似乎不太可行。近年来，我国许多地方政府人为地推进地方主导产业、支柱产业的发展，但多数都事倍功半，未能取得预期的效果。

随后，人们开始从其他的角度去理解和分析产业的演变。波特区分了影响产业演变的各类因素，包括增长的长期变化、面向细分客户群的变化、买主的学习、不确定性的减少、专有知识的扩散、经验的积累、产业规模的扩大（或缩小）、投入和货币成本的变化、产品创新、营销创新、过程创新、相邻产业的结构变化、政府政策变化以及进入和退出等。国内的学者则区分了产业环境因素，包括政治、经济、文化、历史等因素；以及产业内部因素，包括需求、供给、对外贸易、产业政策及经济发展战略等。从根本上来说，产业的演进主要是基于人们的需求和创造力，只不过现代化社会大产业异常复杂，使得其他因素在产业演进的过程中发挥了不同程度的作用。经济和产业发展的主导者当然关注是哪些特定的因素决定了产业的兴衰，从而可以通过影响这些因素来推动产业的进程。

产业演进另外一个值得关注的内容是产业的集中与产业组织的宏观管理。古典经济学倡导的自由市场竞争，在19世纪后半叶出现了许多新的变化。随着钢铁、石油、铁路、化工等产业的兴起，人们发现这些行业内往往只有少数几个巨型的企业，其他中小企业要么无法生存，要么根本就没有出现过。这一现象直到今天仍然存在，全球范围内的各种企业并购几乎每天都在发生；有些行业中曾经存在的中小企业，逐渐被成功的大企业所兼并、收购。这就是通常所说的产业集中化趋势。尽管对于各类产业到底是更加地集中化，还是更加分散化，仍然存在着争论，但超大型企业的出现是一个不争的事实。巨型企业对于市场的垄断、对于价格的控制、生产效率等问题，成为人们关注的焦点，也成为对产业组织进行宏观管理的出发点和主要内容。在19世纪末，美国相继推出了各种反垄断法案，其意图就在于对超大型的垄断企业进行管制，从而规范公平的市场竞争秩序。但随着时间的推移，人们也发现企业规模的大小未必就是判断垄断是否存在的基本标准；超大型的企业也在不断地降低成本、推进研发、展开竞争等。由此，对于产业组织宏观管理以及政府管制的研究又进入了一个新的阶段。

四、产业组织理论与品牌经济

应该说，与品牌及品牌经济最为接近且关系密切的经济学理论非产业组织理论莫属。这方面的理论不仅关注微观层面的企业经营决策，包括产品、产量、价格等相关方面的决策制定，也涉及广告、促销、研发、兼并等经营行为。同时，从宏观层面来看，产业组织理论也注重对政府政策如何影响企业经营行为的分析，以及建立在新古典经济学假设基础上的产业总体发展规律的研究。因此，产业组织理论在一定程度上将微观经济与宏观经济联系起来，

---

① 迈克尔·波特. 竞争战略 [M]. 陈小悦, 译. 北京：华夏出版社, 1997.

并给研究者提供了一个全新的视角,来理解个人与企业的经济行为是如何影响地区乃至国家的经济发展。而这恰好是品牌经济理论所依赖的主要技术线路。

从广义上来看,企业所有的经营行为都会对品牌产生影响,因此所有的产业组织行为都将作用于地区甚至国家的品牌经济。然而,如果运用全部的产业组织理论来分析企业品牌行为,那么无疑将会变得非常庞杂且偏离重点。从市场营销的角度来看,企业品牌战略的最终目标是扩大产品的销售,品牌策划侧重于品牌的创建、传播、推广和维护等方面。因此,借鉴产业组织理论中有关产品差异化、广告竞争、价格竞争、销售策略等方面的研究成果,来分析企业的品牌化行为,就变得更加准确和集中。幸运的是,产业组织理论最新的研究成果已经深入企业日常经营的这些方面,从而帮助后续的研究得以通过运用标准的新古典经济分析方法,来剖析企业有关于品牌的战略决策和市场行为,从而理解其对区域经济乃至总体经济可能造成的影响有哪些以及程度如何。

第二节 品牌经济与产业发展

强势品牌与大型企业往往相伴而生,而大型企业的孕育和形成,又离不开产业的发展。因此,普遍来看,品牌经济大都建立在特定的产业基础之上。同时,品牌经济的发展与产业的发展也表现出某些相似的规律和特点。

一、产业的演进与品牌经济的形成

产业组织理论认为,品牌化最初是厂商意图使自己的产品区别于竞争对手并提供产品质量和"内涵"信息的关键因素。① 这从现代品牌产生的初期可以得到印证。19世纪中叶,当宝洁公司的搬运工一开始在他们产品的纸箱上打上星形标记的时候,就是为了在码头装运时能够与其他公司的纸箱区分开来。19世纪末叶,法国的服装设计师从画家在自己的作品上签名得到灵感,也开始在自己设计并制作的衣服上缝上带有本人名字的标签。但这并不意味着某一品牌必定会成长为强势品牌,甚至是区域品牌经济的领导品牌。品牌经济的形成需要有广泛而深厚的产业基础。随着历史的推进,法国的高级时装产业逐步形成,并涌现出了多个著名的时装品牌。特别是在第二次世界大战以后,首先是迪奥(DIOR)品牌的出现,带动了包括香奈尔、纪梵希、皮尔卡丹等品牌的兴起。在世界的其他地方,品牌经济的形成同样也表现出类似的规律。由此,区域内的品牌经济通常表现出某一领导品牌与多个跟随品牌共存的格局。

从产业演进的过程来看,区域内的领导品牌企业往往是最初的创新引领者,他们无论是

---

① 保罗·贝拉弗雷姆,马丁·佩泽. 产业组织和市场策略[M]. 陈宏民,胥莉,译. 上海:格致出版社,2015.

在产品还是商业模式上，至少寻找到了一种适应甚至占领市场的要素。凭借这些要素，领导品牌企业首先获得了成功；随后，区域内其他企业开始效仿该企业，从产品到商业模式，尽可能全方位地学习和模仿领导企业。随着时间的推移，多个此类企业在区域内出现，并且他们的品牌也获得了一定的知名度；甚至某些企业已经不再满足于简单的模仿，开始自己进行创新和研发。于是，区域的品牌经济格局逐步形成。

二、产业集聚效应与品牌经济

以上是对于品牌经济形成过程和状态的描述，要理解品牌经济形成的机理，则需要借助于产业组织理论的分析。现代产业发展的一个典型特征是众多企业在有限的空间内集聚，这样的空间地理特性对产业发展和品牌经济的形成带来了许多有形和无形的益处。如上所述，当集群内首先出现一个成长性良好的品牌，并且最终将成为该产业的领导品牌时，这一品牌及其成长过程对集群内其他品牌的成长作用至少体现在以下几方面。

（1）知识溢出。行业内领导企业的品牌创建行为经过一定时期的发展，必然会表现为一些可以观察的方法和做法，从而会引起其他企业的学习和模仿；即使有些无法观察到的内部经营行为，最终也有可能以"缄默知识"的形式在集群内传播和扩散。苏南乡镇企业在最初的发展阶段，由于缺乏技术和经营管理能力，往往会从上海的国有企业那里聘请技术工人和管理人员来指导生产，进而学习其生产技术、管理经验和相关知识等。此外，还有浙江、福建、广东等省的产业集群，同样也存在这样一个生产经营知识外溢的过程，只不过表现形式略有不同。在浙江的"块状经济"中，一些较高素质的劳动力在企业内经历了技术与管理工作并获得了管理经验与生意关系网络基础之后，往往会离开企业，自己单干，通过新办生产同类产品的企业而成为小企业家。此外，供求双方直接面对面的接触与交流，成为"隐性知识"传递的重要渠道，这类信息的聚集与外溢也节省了许多中小企业的学习成本。广东省品牌经济兴起的早期，香港地区、台湾地区等来广东省投资的华人企业家成为当地企业家的角色样板，通过近距离的观察和学习，大大节省了企业家积累管理和技术知识的成本。① 由此，建立在生产技术知识共享基础上的品牌经济才有可能逐步形成。

（2）规模经济与降低交易成本。产业集群的规模经济来源于集群企业在区域产业层次上的外部规模经济性和外部范围经济性，其中区域内的知识溢出效应必须基于区域内至少有两个以上生产同类或类似产品的企业的情形，由此该效应才有可能产生效益。此外，当区域内的企业增多时，可以共享道路、通信、港口等基础设施，提高了这些公共基础设施的利用率，这同样也是一种规模经济性。集群内企业的专业化分工同样能够带来规模经济性，由于地理空间的聚集，同类产品的企业在相互竞争与合作的过程中，得以通过知识技术的分享而不断地提高生产经营水平和产品质量。同时，产业空间集聚的特性，往往意味着产业内的企业家具有相同或类似的成长环境、生活习性、文化风俗等，甚至某些企业家

---

① 王珺. 集群成长与区域发展 [M]. 北京：经济科学出版社，2004.

之间本身具有亲戚、同学、同族等身份关系。在普遍的信用体系没有真正建立起来的情况下，这样的身份关系在很大程度上降低了不同企业家之间的信任成本和契约成本。另外，地理空间相近，极大地降低了企业之间的产品运输成本、信息沟通成本、人员交通成本等各类交易成本。

（3）领导品牌的激励作用。经济运行中一个不可忽视的现象是心理激励对经济增长的促进作用，包括制度的转变、创新和研发以及生产率的提升等经济活动都和人类的内外部激励相关。在品牌经济的形成和发展过程中，成功企业和品牌作为一个榜样，对区域内其他企业的激励作用同样是值得关注的。由于区域集聚性的存在，领导企业和品牌获得的各种超额收益和荣誉，这样的企业信息很容易在较短的时间内传播扩散至整个产业集群内，对区域内的其他企业和企业家形成某种心理刺激。同时，区域内有些其他的企业原本就是从领导企业分化出去的，或者是为领导企业进行配套生产的，那么就更容易遵循某些简单的路径去创建品牌并发展壮大。二十世纪八九十年代以来，在广东珠三角地区，一些在国有或外资企业的打工者跳出来创业，并与原有的企业保持密切的联系甚至作为分包商……他们作为创造性仿效者，创造出适合于特定市场或用户的产品与生产技术，其成功吸引了大批小企业家创业。① 当领导品牌和其他类似的跟随品牌在区域内共同发展时，品牌经济便逐步形成（见图4-1）。

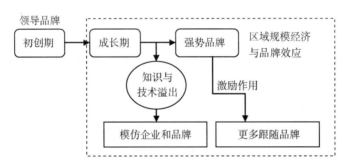

图 4-1 产业演变条件下品牌经济形成的机理

三、区域品牌效应

许多的产业集群经过一段时间的发展之后，由于其规模的壮大，以及人员与信息往来的累积，逐步被更大范围的利益相关者所了解和认知，于是便逐渐形成了一种区域品牌效应。显而易见的是，区域品牌属于一种公共信息，具有公共物品的非排他性和非竞争性两种属性，即区域内任何一个企业都可以从区域品牌的扩散中获益，同时并不限制其他企业获得同样的收益。这与企业品牌的属性明显是不同的，企业品牌属于私人物品，其使用往往仅限于该企业自身或者被授权的产品或服务。因此，从正外部性来看，区域公共品牌的

---

① 王珺. 集群成长与区域发展[M]. 北京：经济科学出版社，2004.

形成，为更多的利益相关者提供了低成本的信息，促进了集群内各个企业的共同发展。有学者认为，产业集群的品牌是一特定区域优势产业的形象和象征，是一系列分布于特定区域的企业的名称、人员、住所地、服务形象、符号标志或它们的组合，其目的是使之与其他区域同一产业的竞争者区别开来。品牌对于提升区域产业集群竞争力具有十分重要的作用，包括"使信息更加集中、对称，更能引起买主的注意，从而得到更充分的利用，减少信息扭曲和时滞；可以大大提高买主的采购效率，包括一次旅行可以拜访众多厂家，货比三家可以降低风险，运输和咨询服务更容易得到，等等"。[①]

我国的区域品牌发展源远流长，通常是以"地名+产品"的形式为人所熟知，并且早在农业社会时期就已经出现，例如砀山梨、烟台苹果、五常大米、盱眙龙虾、阳澄湖大闸蟹等。虽然这还不是现代意义上的品牌，但同样具备了传播产品信息、吸引购买等区域品牌的典型作用。改革开放后，伴随着乡镇企业和民营企业的兴起，全国各地形成了为数众多的各类产业集群，工业品的区域品牌效应也逐步显现，如广东佛山的陶瓷、家具，顺德的小家电，浙江永康的五金，义乌的小商品，江苏丹阳的眼镜、常熟的服装，河南郑州的裤业，等等。区域品牌的形成的确对产业集群的进一步发展起到了推波助澜的作用，使得产业集群的知名度扩大到全国乃至全世界范围内。这就是区域品牌作为公共物品所具有的正外部性的体现。然而，近年来我国的品牌发展历史表明，区域品牌的正外部性正在逐步减弱，而负外部性却开始不断地显现出来。随着国民消费模式朝着城市化、高端化、国际化方向发展，在"短缺经济"时代所形成的各类区域品牌正在成为低端化的代名词。例如，在二十世纪八九十年代，"浙江货"几乎等同于假冒伪劣产品；而晋江鞋业、常熟服装、澄海玩具等产业的品牌升级则举步维艰。在当前以及今后的消费环境下，我国的区域品牌如果不能摆脱固有的形象，不但无法继续推动产业集群的发展壮大，反而有可能成为产业升级与高端化的束缚和障碍。区域品牌作为一种公共产品，既具有正外部性，也会随着市场环境的变化而产生负外部性，而这种负外部性正是市场失灵的表现之一。此时政府就应当介入区域品牌的管理过程中，致力于维护并提升区域品牌形象，确保区域品牌的成长和发展。

四、区域品牌经济的培育与提升

在成熟市场经济条件下，一般主张政府减少对企业的干预，扮演"守夜人"的角色。但实践证明，在经济发展的初期，完全推行自由放任的市场经济体制往往不能达到快速发展经济的目的，反而有可能使经济运行陷入混乱。因此，发展中国家如果实行一种被称为"混合市场经济"的体制，才能保证经济在政府的干预下保持有序的发展。区域品牌经济的形成与培育同样体现出这样的规律。区域品牌的形成有可能基于历史的因素、资源禀赋的因素、工艺技术的因素等，但同样也可以建立在产业政策的基础上。例如战后（20世

[①] 王步芳. 企业群居之谜：集群经济学研究[M]. 上海：生活·读书·新知三联书店，2007.

纪50年代起）日本通过制定相应的产业政策大力发展重化工业和家电产业，中国台湾地区同样以开发区政策带动了当地电子产业的兴起，等等。无论是在区域品牌形成初期，还是形成之后，政府在整个过程中并非无足轻重，而是对区域品牌的形成和发展有着特定的作用。首先就是推动区域品牌的形成和培育。如上所述，政府可以通过相应的产业政策与规划来引导政策性产业集群和区域品牌的形成。其次是促进区域品牌形象的提升。在区域品牌发展到一定阶段的时候，往往会出现品牌整体形象与消费趋势不符的问题，这也成为区域品牌发展的一个"瓶颈"节点。如果由区域内企业通过自行调节和发展来提升总体的品牌形象，则可能由于区域品牌的公共品性质而缺乏激励，从而变得缓慢甚至不可能。此时，就需要地方政府作为公共品的提供者介入，从提高产业的整体科技水平、产品质量、品牌形象等方面入手，全面和总体地来提高和改善区域品牌的形象。最后是规范区域品牌发展。当区域品牌形成之后，区域内的每个企业都可以使用这一"公共品牌资产"。那么，对于区域外的消费者而言，由于信息不对称的存在，就有可能面临着区域内某些企业的道德风险和机会主义行为；而这类行为将严重损害区域品牌的声誉，导致区域品牌资产流失。因此，政府就有必要通过专利和知识产权保护的相关法律法规来规范市场竞争，从而确保区域品牌健康有序地发展。

第三节 品牌与产品质量提升模型

一、品牌分层

自品牌资产理论提出以来，有关品牌资产价值的研究层出不穷，因而也发展出了各类不同的方法和模型来评估品牌资产。另外，也有一些关于品牌竞争力的研究试图区分不同品牌竞争力的大小。此类研究的不断涌现，至少说明了这样一些问题，一是不同品牌之间存在着特定维度的差异；二是可以采用某些一致的标准来衡量这些差异，并进行比较。从世界范围内来看，较有影响的研究成果包括世界品牌实验室（World Brand Lab）、品牌财务价值评估机构（Brand Finance）等发布《世界品牌500强》榜单。近年来，我国的一些第三方机构也开始研究和评估国内企业的品牌实力，例如中国品牌价值研究院发布的《中国品牌500强》榜单，从2004年开始世界品牌实验室也专门针对中国发布了《中国500最具价值品牌》排行榜和评估报告。此外，我国的政府机构，包括原中国国家工商总局进行的"中国驰名商标"评比、中国名牌战略推进委员会推行的"中国名牌"评比，以及近年来原国家质检总局举办的"中国世界名牌"评比等，以及各地方政府开展的各类著名商标、知名商标的评比。凡此种种，共同构成了不同级别的品牌层次（见表4-1）。

以上的分类与分层是建立在较为正规的研究基础之上，除此之外还有其他的一些经验性的分类方法。例如根据品牌知名度的辐射区域划分为区域品牌、国内品牌、国际品牌，或者按品牌产品在市场所处的地位划分为领导型品牌、挑战型品牌、追随型品牌和补缺型品牌等。[①] 当然，消费者自身对于各类品牌也会基于自身的认知而进行一种主观的分类和分层，这就需要通过广泛的市场调查来获得相关的结果了。

无论采用何种分类或分层方法，一个不争的实事是，品牌竞争力与实力大小是客观存在的事实，现有品牌如果没有处在该产品市场的最顶端，那么必然还有提升的空间。包括品牌总体资产、品牌知名度和品牌溢价率等各项客观的指标，或者消费者的主观品牌形象认知，都是企业品牌管理者提升品牌层次需要考虑的关键因素。

表 4-1　部分品牌机构品牌实力评选名称与级别

评估机构	评估名称	评估级别
世界品牌实验室/品牌财务价值评估机构	世界品牌 500 强	世界级
国家质检总局	中国世界名牌	国家级
中国名牌战略推进委员会	中国名牌	国家级
国家工商总局	中国驰名商标	国家级
各省质检局/工商局	著名商标	省级
各市质检局/工商局	知名商标	市级

二、产品品质提升与品牌提升

区域品牌经济实力与竞争力的提升依赖于区域内各企业品牌实力与竞争力的提高。目前有关于企业品牌升级和提升的研究与文献非常丰富，戴维·阿克的研究表明，创建强势品牌的基础首先是提高产品品质和认知质量，这是因为在"所有的品牌联想中，只有认知质量可推动财务绩效，认知质量通常是公司主要的（甚至是关键的）战略动力，认知质量与品牌感知方式的其他方面相连，并通常对其他方面起到推动作用"。由于市场中存在着纵向与横向的产品差异化，不同的品牌可能分别面向不同的细分市场。因此，"对于许多品牌而言，认知质量通常定义了他们所处的竞争环境及其在环境中的定位。一些品牌是低价品牌，另外一些则是高端品牌。在这些产品中，认知质量定位通常是差异化的决定性因素。"

品牌提升的另一个重要维度是产品性能的提升，或者新产品的开发。产品品质与认知质量的提升，往往依赖于产品研发与创新科技的应用。通过将新技术或新工艺运用于生产过程，可以改善产品的适用性或效能；开发新式的产品，或改进原有产品的品质和性能，都有可能为消费者带来更为全面和良好的体验，使消费者对品牌形成不同于以往的一些新的认知。

最后是品牌形象的转变与提升。在产品品质提升和创新研发体系已经形成之后，问题

[①] 李自琼，彭馨馨，陆玉梅. 品牌建设理论与实务 [M]. 北京：人民邮电出版社，2014.

的关键就变成了如何将更优质的产品以合适的方式推荐给消费者。此时，包括产品价格、广告形象、市场定位等策略乃至战略性决策是品牌形象提升后进行广泛传播的重点。只有让消费者认可并接受提升品牌的上述要点，进而实现品牌的持续稳定销售，品牌提升的策略才能被认为是成功的。

品牌提升不仅意味着更高的利润率、更稳定的销售量，也代表了企业综合竞争力的水平与高度。在消费者的感知中，企业如果能够推出更高水准的品牌，往往表明企业具有持续的创新和品质提升的能力，并且这种能力会对现有的产品和品牌带来稳定或者改善的品质。因此，对于企业而言，品牌的提升并不仅仅是开拓一个更高端的市场，获得更多的收益那么简单，其对于企业的整个品牌体系而言，也有着正面的积极意义。

然而，品牌的提升并不总是那么容易的，一方面可能需要耗费巨大的资金，另一方面也可能会引起新的竞争。在20世纪80年代，当丰田汽车在北美市场率先推出其全新高端汽车品牌雷克萨斯（LEXUS）之后短短的几年内，本田公司和日产公司就分别推出了阿库拉（ACURA）和英菲尼迪（INFINITI）来与之竞争。同时，品牌高端化并不总是有益的，有时也会对原有品牌形成冲击，使消费者认为原有品牌不再是较高品质的这种可能性也是存在的。最严重的情况则是高端化的品牌经过长时间推广后，仍然不被消费者认可和接受。此时，就需要企业谨慎地采用合理的品牌提升和高端化策略来避免这些负面的影响。

三、品牌形象提升的策略

纵观实际的品牌经营案例，为了提升品牌形象，促进产品销售，很多企业往往会采取重塑品牌形象、更新品牌设计、转变品牌定位的策略。具体来看，也有多种不同的实际做法。

（1）品牌形象重新设计。很多品牌在其发展历程中会随着时代的推进而变更其品牌形象，以此来适应时代的发展和市场需求的变化。例如万宝路香烟最初被设计成一种女性品牌，结果销量平平；后来经过李奥贝纳广告公司更改其品牌形象，将其转变成具有强烈男性特征的品牌形象之后，变得大受欢迎，一跃成为美国第一香烟品牌。同样的，百事可乐在20世纪70年代发起的"年轻一代的选择"品牌运动中，成功地争夺了碳酸饮料领导品牌的部分市场份额。与此同时，这些品牌直至今天，仍然不停地在更新着自己的广告、包装、标志等，甚至整个视觉识别系统方面的设计。这对于当前一些意欲摆脱落后、过时、低端品牌形象的企业来说，显然是一种可行的策略选择。

（2）建立新品牌。如果原有品牌形象黏性过大，或者说要改变消费者心智模式中的固有形象成本太大，甚至根本无法改变固有的形象认知，那么企业就应当考虑重新创建一个品牌来为其全新系列的产品命名、包装和推广。例如海尔集团曾在2006年推出了其高端品牌"卡萨帝"，其市场定位为中国一线城市的高端人群。又如近年来发展迅速的长城汽车集团推出了其高端汽车品牌"WEY"，试图抢占部分合资汽车企业乃至进口汽车品牌的市场份额。采用全新品牌可以在较大程度上避免原有非高端品牌形象的拖累，进而在新的细分市场上确立自己的定位；但不利之处在于创建和推广新品牌成本费用将会非常高，以及消费者的认知和接受程度也存在着较大的不确定性。

（3）采用原有品牌（母公司）背书。当新建品牌的预期成本太高，甚至很难取得成功时，企业可以采用的一个策略是使用原有知名度较高的品牌（或公司名称）作为担保品牌。这种做法一方面可以节省大量用于为新品牌创造知名度和品牌联想的费用，另一方面也可以将原有品牌的核心价值延伸到新品牌的认知中。例如宝洁公司、联合利华公司等企业在其所有的产品和品牌上都会使用公司名称和标志，以此向消费者提供一种品质的保证。品牌背书的策略同样也存在着问题，如果原有品牌并不是一个高端品牌，当该企业要向上延伸品牌形象时，虽然可以获得原有品牌的知名度辅助，但也会受到其品牌定位的影响而无法真正形成高端化的认知。例如面向大众的体育用品品牌安踏，如果要推出高端化的品牌，就不能再使用原有品牌作为担保品牌，否则就很难取得成功。

（4）采用品牌并购的策略。当上述品牌形象提升策略都难以取得成功，或者成本太高而不可行时，一个便捷易行的策略就是品牌并购。通过并购市场现有的较为高端的品牌，不仅可以向消费者证明自身的经营实力，还可以利用高端品牌为现有品牌注入新的认知元素，提升企业品牌体系的总体形象。近年来，随着国内企业在内部市场取得了较大的成功，并积累了一定的资本之后，品牌高端化已经成为接下来需要解决的重要问题。为此，很多企业开始收购国外较为成熟的品牌和企业。例如 2004 年联想并购 IBM 的 Thinkpad 笔记本品牌，2010 年吉利收购沃尔沃汽车及其品牌，安踏收购斐乐（FILA）品牌等。通过收购国外较为成熟的高端品牌，国内企业可以大大缩短品牌建设的周期，获得更为先进的技术，并较快提升品牌形象。然而，品牌并购也存在着一定的风险，其中有可能由于政策的原因使得并购无法通过，也有可能并购之后由于缺乏运营经验而使得高端品牌逐渐衰落，等等。

四、品牌提升的经济学分析

根据以上分析可以看到，企业对品牌的提升或升级，至少需要在产品和形象某一方面进行投入，或者在两方面同时付出成本。这就是企业日常运营中涉及的产品研发、广告宣传、包装设计等一系列生产与销售成本。纵向产品差异化的竞争模型指出，当某些产品在质量上更加优越或能够提供额外功能时，消费者的选择就不再是随机的。理性的消费者在同样的价格下总是会选择质量更高的产品，假设消费者都了解产品质量，并且只购买一件产品①，此时厂商面临的需求曲线与产品质量形成特定的关系，其反需求函数为

---

① 在购买耐用消费品时，由于网络信息技术的发展，消费者更容易获得质量信息，因此这一假设在这样的情形下就变得比较合理；而对于快速消费品且重复购买的情形下，这一假设不太适用。

$$P = P(Q, z)$$

其中，z 为质量等级。设产品价格为零时的初始需求为 θ，那么反需求函数就变为

$$P = z(\theta - Q)$$

因为厂商提升产品质量是需要花费成本的，因此产品质量的提升与生产成本之间存在着一个相关关系。一般地，生产成本随着质量提升而增加，因此考虑这样一种函数关系：

$$C(Q, z) = \alpha z^2$$

这里假设成本增加是质量提升的一个级数关系，这符合通常的认识，当产品质量提升到一定程度时，如果要继续提升，则付出的成本可能会呈级数增长。此时，利润函数就变成

$$\pi(Q, z) = PQ - D(z) = z(\theta - Q)Q - \alpha z^2$$

根据利润最大化的一阶条件，分别对 Q 求微分，即

$$\frac{\partial \pi(Q, z)}{\partial Q} = z(\theta - 2Q) = 0$$

解得 $Q = \theta/2$，此时 $Q = \theta/2$ 为产量的均衡值。

利润函数两边分别对 z 求导，得到利润最大化时的质量选择，有

$$\frac{\partial \pi(Q, z)}{\partial Q} = (\theta - Q)Q - 2\alpha z = 0$$

将 Q 代入上式，可得

$$2\alpha z = \theta^2/4$$

$$z = \frac{\theta^2}{8\alpha}$$

这一结果表明厂商在提升产品质量的过程中，考虑利润最大化，能得到一个最优产量和最优质量；如果继续提高质量，那么总利润可能会下降。理性的厂商显然会选择利润最大化时的产量和质量组合（见图 4-2）。

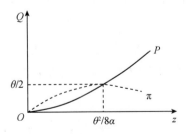

图 4-2　利润最大时厂商产品质量与产量的组合

但是，在这样的产量与质量组合下，消费者的购买意愿如何，产品质量的提升是否被消费者所接受呢？假设企业生产两种不同质量的产品，一种是低质量的，一种是高质量的。同时市场上也分别存在着接受低质量产品和高质量产品的消费者，并且企业使用对质

量支付意愿的差异来区分消费者。[①] 显然，理性消费者会购买提供最大剩余的那种产品。由此，i 型消费者对于质量为 z，价格为 p 的产品的间接效用为

$$V_i = \theta_i(z - z_i) - p \quad (i = 1, 2)$$

其中，θ_i 为 i 型消费者对质量的评价；z_i 为质量的下界，如果产品质量低于这一水平，消费者就不会购买。假设 $\theta_1 > \theta_2$，即第一类型的消费者对质量的评价高于第二类型消费者，同时其愿意接受的质量下界也高于后者。也就是说有些消费者只愿意购买高质量的产品，对于低质量的同类产品根本不予考虑。但第二类型的消费者愿意购买任意质量水平的产品，只要其感受到的消费者剩余是正的，或者说随着收入水平的提高也愿意购买高质量产品。设企业能够生产质量区间为 $[\underline{z}, \bar{z}]$ 内的所有质量等级的产品，当质量提升完成后，边际成本独立于质量的变化，且设为 0。对于低质量偏好的消费者，企业提供的产品价格为

$$p_2 = \theta_2 z_2$$

而对于高质量偏好的消费者，其购买时需满足的条件为

$$\theta_1(z_1 - \underline{z_1}) - p_1 \geq \theta_1(z_2 - \underline{z_1}) - p_2$$

$$\theta_1(z_1 - \underline{z_1}) - p_1 \geq 0$$

即该类型消费者从高质量产品中获得的消费者剩余必须非负且大于等于其购买低质量产品所能获得的消费者剩余，然后将上面的 p_2 代入第一个不等式，则

$$p_1 \leq \theta_1(z_1 - z_2) + \theta_2 z_2$$

此时，当两边取等号时，高质量产品获得一个最高定价。由这两个不等式可以看到：①当两种类型的消费者对质量的评价 θ 提高时，高质量偏好的消费者会接受更高的 p_1；②高质量产品与低质量产品的质量差异增大时，高质量偏好的消费者也会接受更高的 p_1。或者说当所有消费者都更加重视质量时，质量的定价就会上升。近年来，随着人们收入水平的提高，我国居民的消费需求和消费结构也不断升级，从而对于高品质的品牌商品表现出更多的购买意愿。研究表明，我国居民的服务型和品质型消费需求快速增长，消费对经济增长的贡献率也明显提升。2016 年居民高层次消费支出占比较 2013 年提升 3 个百分点。[②] 这恰恰从一个侧面印证了上述研究结论。

同时，根据上述等式和不等式，容易证明不同质量偏好的消费者只会购买符合自身质量偏好的产品。进一步地，假设每种类型的消费者都有 N_i 个，仍然不考虑边际成本，此时企业的总利润就变为

$$\Pi = N_1 p_1 + N_2 p_2 = N_1 \theta_1 z_1 - [N_1 \theta_1 - (N_1 + N_2)\theta_2] z_2$$

[①] 这一假设同样比较符合当前很多企业营销过程采用的市场细分策略，例如某品牌的手动剃须刀价位从 10 元到 100 元不等，针对的就是不同质量需求的消费者；当然，这一假设的适用性也是有限的。

[②] 黄隽，李冀恺. 中国消费升级的特征、度量与发展 [J]. 中国流通经济，2018（4）：94.

先假定 z_2 不变，则企业要使利润增加，因为 z_1 的系数始终为正，所以只要不断提高产品的质量，就能使得利润不断提高。当 z_2 发生变动时，则情况变得相对复杂。① 由于这里讨论的主要是质量提升或品牌升级的问题，并且在实际中企业通常是在原有产品品质已经相对稳定的前提下，才会考虑研发高质量的产品并进行品牌升级，故不再讨论 z_2 发生变动的情况。由此可见，根据上述分析，企业在已经投入了固定成本（包括设备成本、研发成本、原料成本等）之后，就应当生产尽可能高品质的产品，这不仅有助于提升品牌的形象，同时也符合企业利润最大化的目标取向。

---

① 林恩·佩波尔，丹·理查兹，乔治·诺曼. 产业组织：现代理论与实践 [J]. 4 版. 郑江淮，译. 北京：中国人民大学出版社，2014.

第五章　品牌经济与文化创意产业

第一节　文化创意产业概述

一、文化创意产业的基本定义

人类从事文化活动可以追溯到远古时期,当人们在制作彩陶、进行祭祀、刻写壁画时就已经开始了。直到今天,随着人们的精神需求日益增长,文化才逐步成长为一个显在的产业而被人们所重视。于是人们开始对文化产业投入大量的研究热情,文化产业已然成为当前的一个热门词汇。那么,到底什么是文化产业,这一产业究竟包含了哪些行业和企业呢?

早在20世纪40年代,法兰克福学派的代表人物霍克海默和阿多诺合著出版的《启蒙辩证法》一书中所收录的《文化工业:作为大众欺骗的启蒙》的文章,就首次提出了文化工业这一概念。但在该书中,文化工业是作为一个批判对象而存在的,他们反对的是文化艺术的工业化与物质化。到了1979年,法国文化社会学家伯纳德·米亚基将单数的文化工业转换成复数的文化产业,以展示文化产业的复杂形态和运作逻辑。米亚基等人批评了霍克海默和阿多诺乌托邦式的文化理想,指出文化的产业化与商品化并非对文化艺术本身的亵渎与消解,反而是大众精神文化需求的必然趋势,进而为文化艺术的再创造与再提高提供了动力。随后,文化产业的概念在欧美国家迅速传播开来。联合国教科文组织在2005年发布了《文化产业背景报告》,从生产特征和经济性质两个方面对"文化产业"的概念作了下述界定:文化产业是按照工业标准生产、再生产、存储以及分配文化产品和服务的一系列活动。采取经济战略,其目标是追求经济利益而不是单纯为了促进文化发展。在中国,文化产业被定义成"为社会公众提供文化、精神、娱乐产品和服务的活动,以及与这些活动有关联的活动的集合",并且是"市场经济条件下繁荣发展社会主义文化的重要载体,是满足人民群众多样化、多层次、多方面精神文化需求的重要途径,也是推动经济结构调整、转变经济发展方式的重要着力点"。

与文化产业相类似的概念还包括创意产业、文化创意产业等。有人认为这些概念有着明显的区别,至少在出发点、实施主体、产业性质、管理部门等方面显著不同;但也有学者指出,虽然它们在创意资源依托的侧重点上存在差异(创意产业注重现实中的个体或集体创意，文化创意产业注重文化内容、历史资源和现实创意），但两个概念并无实质区别，在很多情况下可以互用。① 在此，我们将沿用这一观点。

二、文化创意产业的分类

"文化"一词本身就是一个众说纷纭、莫衷一是的概念，因此导致"文化产业"所涵盖的内容也变得模糊、混乱。近年来，随着文化产业在我国的兴起，出于理论与实践的需要，研究者试图去理清该产业所包含的门类。例如，有学者认为文化产业可以分为产品层、服务层和交叉层等三个层次，共16个门类（见表5-1）。

表5-1 文化创意产业分类

分层	分类
第一部分产品层	包括音乐及表演艺术业，视觉艺术业，新闻及出版业，广播影视业，动漫及游戏业，工艺及古董业，数字内容（包括网络文化），总共7项
第二部分服务层	包括产品设计（工业设计、建筑设计、视觉传达设计、时尚品牌设计）、公关及广告业、节庆会展、咨询服务，共4项
第三部分交叉层	包括文化旅游、体育休闲、文化设施应用、教育培训以及其他经中央机关认定的行业等，共5项

由上述分类可以看到，首先确定的一点是，文化产业注重的是精神层面的产品生产与服务，而非物质实体的产出；其次，文化产业的门类中，有些自成行业，有些则与物质产品的生产密切相关，甚至可以说是依附于物质产品的生产；再次，随着人们精神文化追求的提高，有些传统行业正在发生着质的变化，即精神、思想、创意的引入正逐步改变其价值构成。因此，如果一个传统行业的产品市场价格有超过40%以上的增加值来自于创意、品牌、设计等带来的文化附加值，那么这个传统产品的增加价值部分就可以归类为文化产业收入（如品牌服装、家具、饰品等）；如果一个传统企业的营业收入超过40%来自文化产品的销售收入，那么这个企业也可以归类为文化企业。②

为了规范管理和促进产业发展，我国政府在新世纪以来也对文化产业的分类做出了规定与调整。2004年，国家统计局颁发了《文化产业及相关产业分类》（2004年），将文化产业分为核心层、外围层和相关层等共3个层次、9个门类；到了2012年，又颁布了新修订的《文化产业及相关产业分类》（2012年）标准，增加了与文化生产活动相关的创意、新业态、软件设计服务等内容和部分行业小类，减少了少量不符合文化及相关产业定义的内容。随后在2014年又对此进行了调整，将文化产业扩展为5个不同的层次。政府管理部门多次的修订与调整表明，文化产业在我国的发展日新月异，新的产业门类不断地涌现，同时与传统产业的结合也日益广泛而紧密。

---

①② 向勇. 文化产业导论［M］. 北京：北京大学出版社，2015.

三、文化创意产业园

在世界各地,文化创意产业都呈现出明显的区域性与集聚性特征。艺术史的研究认为艺术创作本身具有这样一种空间与时间特性,因为艺术是人类一种模仿与创造并存的行为,艺术家在有限的空间范围内相互影响,并在一段时期内形成繁荣的艺术景象。如文艺复兴时期的意大利、二十世纪四五十年代的法国巴黎等。到了近代,文化与艺术的创作越来越受到市场与工业的影响,文化艺术的集聚现象已经不仅仅是纯艺术因素的产物。文化产业集群更多地表现为一种基于园区、城市、区域和国际区位的空间经济形态。文化产业从业者在空间地理形态上的集中,促成了有识别能力的当地市场,能让文化企业了解新的趋势和时尚的基本元素。文化与创意的集聚也促进了信息的自由传播、知识与思想的认同分享、精神的道义激励等,从而形成了一个强大的"文化创意场域"。文化企业及其相互关系、各类资本和社会先行资本,"如学校、研究机构、设计中心等"组合要素为"创意场域"提供发展动力和补充养料……①由此可见,文化创意产业园有着与其他产业集群相似的特征,即具有降低交易成本、知识溢出、规模效应等优势。同时,文化产业与其他工业制造业的融合,将工业制造推向设计化、创意化和品牌化的发展路径。

当前,我国的文化创意产业园区蓬勃发展,其中既有自然形成的,也有政府推动的。截至2014年10月,中国各类文化产业园区超过2 500家,大体分成国家级和地方级。其中国家级园区由文化部授权命名和统一管理,包括了8个示范园区和7个试验园区。②政府推进文化创意产业园区的建设,其初衷是结合各地的特色文化,促进当地文化产业本身的发展。但现实中,各地文化产业园区的发展也呈现出了多种问题。其中,政府基于土地与房产开发的考虑而设立的文化创意产业园区,不顾市场需求,缺乏创意孵化、产品研发、企业创新和品牌打造的集聚效应,未能形成产业融合的机制,最终沦为空壳园区。因此,从促进区域品牌经济发展的角度出发,政府应当鼓励和推动与当地工业制造业或特色产业相关的文化创意产业集聚与发展。在当前的经济环境下,单纯的文化产品与文化产业本身很难形成规模效应,其产业规模相对有限;只有将文化产业的服务功能、提升功能融入其他产业的发展过程中去,一个地区的文化产业才能形成有效规模和持久的生命力。反过来,其他相关产业也将得益于当地文化产业的发展,在产品研发、设计、营销和品牌等方面建立竞争优势。

---

①② 向勇. 文化产业导论 [M]. 北京:北京大学出版社,2015.

第二节　品牌经济与文化创意产业的关系

一、精神文化需求与文化产业兴起

品牌是建立在企业产品与服务基础之上的一种现代营销方式，但同时品牌也正在超越产品与服务本身而成为一种特殊的存在。无论是对于企业还是消费者，品牌都有着独特的意义与作用。尤其是在收入水平与物质条件相对较高的今天，人们对产品与服务的消费已经不再满足于基本的功能与效用，而是进入了实用与审美并存的时代。迈克·费瑟斯通认为，当代社会出现"日常生活审美化"趋势。一方面，艺术和审美进入日常生活，被日常生活化；另一方面，日常生活中的一切，特别是大工业批量生产中的产品以及环境被审美化。这样的社会趋势，迫使企业的生产与营销活动需要更多地去关注大众的审美需求与消费心理。随着科技与生产力的不断发展，人们对物质产品的消费达到了空前的丰富状态。但边际效用递减规律揭示了这样的事实，即物质层面消费的增加将导致其效用的下降。于是为了满足人们多样化的、精神层面的需求，企业必须赋予商品更多的附加价值；而这样的附加价值，则主要来源于文化的注入与提升。从而在物质产品达到一定满足后，精神文化的消费就开始迅速增加。世界各国的发展经验表明，人均国内生产总值超过1 000美元之后，精神文化的消费将呈现出爆发式增长。我国人均国内生产总值在2000年之后已经超过这一水平，而人均可支配收入在随后几年中以10%左右的速度增长，同期的人均文化消费却以16.70%的速度增长，收入弹性高达1.58。除陕西省以外，全国城镇居民文化消费的增长速度均快于可支配收入的增长。其中江苏省文化消费增速最快，年均高达30.53%，天津、河北、内蒙古、辽宁和安徽等省（市、自治区）年均也超过20%。[①]

精神文化消费的增长，拉动了文化创意产业的快速发展。2013年8月，国家统计局发布了根据新修订的统计指标得出的2012年我国文化产业统计数据显示，当年我国文化产业法人单位实现增加值18 071亿元，按同口径和现价计算，同比增长16.5%，比同期国内生产总值现价增速高6.8个百分点，占整个国内生产总值的比例达到3.48%，对当年经济总量增长的贡献率为5.5%。与此同时，新兴文化产业发展迅猛，以互联网技术、数字技术为依托的动漫游戏、数字音乐、数字电影、网络视频、数字出版、网络出版等新业态表现强劲，极大地丰富了人们的物质和精神文化消费。文化产业的对外也取得了长足的进步，2011年核心文化产品进出口总额达到198.9亿美元，比上年增长21.4%；其中出口186.9亿美元，同比增长22.2%，实现贸易顺差174.8亿美元。另外，核心文化服务进出

[①] 武鹏，季凯文，高连水.居民文化消费与文化产业的"效率驱动式"成长：基于省级面板数据的空间计量分析［J］.北大文化产业评论，2010，上卷：92.

口总额为 76.3 亿美元，同比增长 33.7%；其中出口 40.8 亿美元，同比增长 33.5%。①

二、精神文化需求与商品品牌化

从消费层面来看，人们的精神文化消费是人类历史所积累起来的精神文明和文化遗产在物质商品与无形劳务中的体现，到了今天，它已经成为人们的一种存在方式、一种获得社会身份认同的方式。日常生活中，我们可以观察到，人们为了获得某种社会认同，而去选择和消费某种品牌的商品，例如，参加颁奖典礼的女明星，通常会选择一套昂贵的名牌礼服，以显示其身份与地位。有学者认为："在消费社会，所有的商品既有实用价值，也有文化价值……在文化经济中，流通过程并非货币的周转，而是意义和快感的传播。""每一种消费行为，也都是一种文化生产行为，因为消费的过程，总是意义生产的过程。商品售出之际，它在分配经济中的作用已经完成，但它在文化经济中的作用却刚刚开始。"② 品牌正是基于消费者的这样一种心理认知，逐渐将与之相关的商品转换成外显的、可见的现代性心理符号（尤其是一些外在可见性高的商品，更加需要品牌的渲染，例如服装、首饰、汽车、化妆品等）也正好契合了现代人的此种心理需求。

因此，可以说，既是品牌选择了消费者，也是消费者选择了品牌。"消费者对于品牌的选择遵循的就是这样的逻辑，他看重的是品牌本身所承载的意义的差异性体系，这一体系可以将他与其他群体划分开来，以此来凸显一种身份和地位，进而通过据有这种象征性资本实现对整个社会的参与、操控和建构。"③ 于是，我们看到的是品牌几乎渗透了我们生活的每一种商品当中，甚至连传统品牌理论认为不需要赋予品牌的一些商品，如大米、食盐、面粉等，也纷纷出现了品牌产品。这样的做法，直观上来讲是企业出于区分商品的需要而采取的营销策略，但从深层次来看则是消费者心理需求与精神文化共同作用的结果；如上所述，任何一种商品的消费，表面来看是获得了其物质特性，但本质上则是现代人身份建构与确认的一种积累过程。商业社会大量品牌的涌现，推进了品牌消费、符号消费、文化消费趋势的演化；相应的，这种演化趋势又反过来对商品品牌提出更高的需求。

三、文化产业与制造业的融合

产品与服务的品牌化恰恰顺应了企业的这一经营导向，而当越来越多的企业要推进品牌化的时候，那么对于生产与营销过程的审美化、创意化就会提出更高的要求和更多的需求。这就是品牌经济与文化创意产业融合的最基本的出发点。诚然，文化创意产业并不完全是为工业制造业提供服务而产生的，其本身可以作为一个独立的产业而存在；但是，当两者结合起来的时候，却可以为各自注入更强的活力。

---

① 刘绍坚. 文化产业：国际经验与中国路径 [M]. 北京：中国社会科学出版社，2014.
② 约翰·菲克斯. 理解大众文化 [M]. 王晓珏，宋伟杰，译. 北京：中央编译局出版社，2001.
③ 吕天品. 符号价值消费与品牌文化铸造 [J]. 北大文化产业评论，2010，上卷：43.

当前，对于文化产业与制造业的融合，国内外学者都已经开展了一定的研究。国外的研究表明，早在19世纪50年代，工业家们就已经意识到了工业与文化之间存在着共通性。如工业化系统自身及"工业设计"具有社会和审美价值，而文化是艺术、科学、商业及自动化生产的综合协调者，自动化生产本身也是文化的重要力量。例如，在19世纪的法国，服装品牌的出现，其灵感就来源于绘画艺术。此后，文化与艺术始终对工业品的生产、销售及消费有着广泛而深刻的影响。直到近年来，精神文化消费逐渐超越纯粹的物质消费成为日常消费的主流，文化产业对工业制造业的意义与重要性就显得更加突出了。

国内的研究则主要站在制造业的立场上，认为产业融合是制造业转型升级的重要途径，将传统制造业与文化产业融合，能促使制造业的历史文化底蕴成为新的竞争优势。郭际等人的研究首先指出了制造业各产业链均蕴含着丰富的文化因素；其次，文化产业的重要环节就是产品的制造；最后，他们提到文化产业与制造业的融合可以分为三个阶段，即产品融合、组织形式的融合以及新产业经济形态的形成。其中，制造业的组织形象设计、产品品牌、制度设计，甚至企业领导人的形象，都传递和表达着丰富的文化元素，成为制造业文化中非常重要的组成部分。另外，他们还分别考察了传统制造与文化产业、新兴制造兴与文化、文化服务产业与制造业的融合形式、方向等问题。[①] 事实上，当前文化创意产业与制造业的融合已经表现出全面深化的趋势，而且也不再局限于上述这些方面，开始从产品的生产制造环节，扩展到研发、销售、营销、售后等更多的企业经营过程中。文化产业与工业制造业全方位的相互结合，必然带来工业产品附加值的提升，也为品牌的创建和推广提供了充分的动力与支撑。

四、文化产业助推品牌经济

生产性服务业的兴起，是当前第三产业发展的必然结果。但在各项生产性服务业中，文化产业无疑是对工业产品品牌建设最为直接、明显和重要的一项产业。首先，文化创意产业为品牌建设、品牌经济提供了养分。如果说品牌是一棵树苗，那么文化创意产业就像是水分和养料，它注入到品牌的根、茎、树干、叶子中，保证了品牌的茁壮成长。从工业产品在研发阶段的工艺设计、产品设计、包装设计，到销售阶段的形象设计、广告设计、营销策划，再到品牌形象维护、品牌延伸与扩展、品牌国际化等阶段，几乎都有文化创意产业的参与和帮助。文化创意产业使得工业品变得更加生动、形象、美观、易于接受。其次，文化创意产业为产品品牌提供了发展的平台与渠道。现代品牌的整合营销传播要求企业综合利用广告、公关、促销和直销等方式来推广产品和品牌，而文化创意产业中的传媒

---

① 郭际，张扎根，刘慧. 融合：制造业与文化产业高质快速发展的可行路径 [J]. 文化产业研究，2015（02）：78-90.

业、出版业、印刷业、娱乐业和会展业等产业形态恰好能够全面而有效地为品牌传播提供这样的平台和渠道。最后，文化创意产业为品牌的消费创造了环境。文化创意产业在满足人们精神文化需求的同时，也在教化、培养和提高普通消费者的审美意识和审美能力，伴随着消费者收入水平的提升，融入了文化创意要素的工业品及其品牌将更受消费者的青睐与欢迎。

第六章 区域品牌经济与品牌的区域性

第一节 区域经济与区域品牌经济

一、区域经济的基本理论

早在19世纪初期，冯·杜能就已经开展了区域经济学的研究，其著作《孤立国同农业和国民经济的关系》探索因地价不同而引起的农业分带现象，创立了农业区位论。这一理论对于现代经济最重要的贡献在于，他首先将区位和运输距离对人类经济活动的影响加以理论化和体系化，在他之后区域经济学的研究都无法绕开区位优势和运输成本这两个因素对企业运营造成的影响。随后，到了1909年，德国经济学家韦伯在《工业区位论：区位的纯理论》一书中完整系统地提出了工业区位论。该理论从运输费用、劳动力费用和集聚效应等方面分析工业区位的选择和移动规律。他认为工业区位的选择取决于生产成本的大小，任何一个理想的工业区位都应该选择生产成本最小的地点，而上述各类费用则构成了企业生产成本的主要部分。因此，韦伯的工业区位论阐明了工业区位的最佳位置就是综合各种因素后得到了费用最小点，这为各国工业区位选择的实践提供了启示。德国地理学家克里斯塔勒在1933年提出了"中心地"理论，将经济区位理论扩展到了市场服务半径和市场区域形状等方面的问题。他认为，经济活动区域的发展必须有自己的核心，这些核心由若干大小不同的城镇组成。城镇在空间上具有某种经济力量，为周围区域的居民和单位提供货物以及商业、娱乐、教育、文化等多种服务功能，每个城镇大都位于它所服务区域的中央部位，它也是与外部联系的商业集散中心，因此称为"中心地"。应该说，克里斯塔勒的描述非常接近当前城市与城镇的布局现状，以及两者的功能分工情况；因此，该理论有助于解释一些主要的空间区域经济现象，如产业集聚、城市群落、人口迁移等。此后，德国经济学家廖什在这些理论的基础上于1940年又提出了新的《经济区位论》，他认为企业最佳区位的选择并不仅仅要考虑成本最小化的位置，更应该考虑的是利润最大化的地方；同时，企业与企业之间的相互影响和相互依存也在较大程度上影响着单个企业的区位选择。[①] 这一理论对如今普遍存在的产业簇群具有显著的解释力，同时也从市场需求的

---

① 邓宏兵. 区域经济学 [M]. 北京：科学出版社，2008.

角度分析了企业的区位选择，从而形成了区域经济发展的另外一种思路。

二、区域经济、区域品牌与区域品牌经济

区域品牌经济表现出明显的产业特征，包括产业集聚、市场结构和空间分布等。为什么有些地区会有品牌，而有些地区品牌经济并不发达。通常我们认为一些欠发达地区很难培育出知名品牌，但像白酒这一行业，知名品牌往往来自于这些地区，这又是什么原因。这些都是区域品牌经济需要研究和回答的问题。区域品牌经济当然属于区域经济范畴，只不过除了区域经济的共性之外，区域品牌经济还有其特殊性。国内关于区域品牌经济的研究并不多见。孙曰瑶等人的研究发现，按照传统的区位理论，同一产品由于运输距离和成本的原因，是不可能销售到同样生产此类产品的区域中去的；但实际的观察却恰好与此相反，不同地区生产的同一种产品在各区域间交叉销售的现象极为普遍。他们对此的解释是，正是由于品牌的存在，以及消费者希望有多样性的选择等因素使商品突破了地理限制。此外，他们还研究了品牌的区位优势，并认为品牌的区位优势越强，拓展外部市场的势力就越大。而品牌的区位优势则主要来源于目标顾客的规模、产品品类度、地区品牌信任度、品牌诞生地的规模或等级优势及商标符号明晰程度等。① 周建波、陈亮则着重探讨了区域品牌经济的战略竞争机制，他们认为这些机制主要包括环境优化与宏观调节的品牌培育机制，区域文化与信用文化的品牌定位机制，自主知识产权创新的品牌竞争机制，新经济文化激活的品牌竞先机制，企业品牌与产业品牌的导向机制，集群品牌战略和品牌生态系统效应机制等。② 少数利用定量方法分析区域品牌的文献来自于刘华军等人，他们利用世界品牌实验室发布的2004—2011年中国品牌500强数据，通过运用Dagum基尼系数方法测算了中国品牌经济发展的地区差距，并得出结论表明我国品牌经济的地区差距正在扩大；从影响这一差距的因素来看，市场容量、区位条件对品牌推广有着显著的正向促进作用，而研发支出和市场竞争程度等因素的影响则在统计上并不显著。③ 应该说以上分析从不同的层面指出了当前我国区域品牌经济发展过程中存在的问题和差距，以及探讨了提升区域品牌经济实力的战略选择，同时也对品牌的区域化交叉销售做出了一定的解释。然而，区域品牌经济的研究中仍然有一些更为重要的问题并没有在上述研究中得到回答。例如为何品牌集中在一个地区而不是另一个地区发展；或者说为何有些区域品牌经济发展较为突出，而有些区域虽然经济发展程度较高，但品牌经济却并不强大；究竟是哪些因素在根本上促进了某些地区品牌经济的崛起，而又有哪些因素制约了另外一些地区品牌经济的发展；品牌经济发展相对落后的地区，是否有可能利用优势资源，在今后的经济发展过程中追赶甚至超越品牌经济领先地区；等等。

---

① 孙曰瑶，刘华军. 品牌经济学原理 [M]. 北京：经济科学出版社，2007.
② 周建波，陈亮. 区域品牌经济的战略竞争机制：以广东省为例 [J]. 科技进步与对策，2009，26（7）：27-31.
③ 刘华军，赵浩，杨骞. 中国品牌经济发展的地区差距与影响因素：基于Dagum基尼系数分解方法与中国品牌500强数据的实证分析 [J]. 经济评论，2012（03）：57-65.

(一) 区域经济视角下的区域品牌经济

当前，全世界的品牌经济发展呈现出明显的区域性特征。美国以强大的品牌经济实力引领着世界经济的发展，日本、法国、英国、意大利等工业化国家的品牌经济则紧随其后。如果把范围缩小到一个国家之内，这一现象同样存在并且甚至更加明显。例如在中国，品牌经济发展较好的区域明显集中在广东、上海、浙江、北京等几个省市；而在广东、浙江、福建等省份，品牌经济又集中在较为狭小的区域，例如广东顺德、东莞、中山等，浙江宁波、温州、义乌等，福建石狮、泉州、晋江等。这种典型的区域性品牌经济特征，较为符合韦伯的工业区位论以及克里斯塔勒"中心地"理论所描述的企业选址过程。通过仔细观察可以发现，这些企业在选址的初期，通常是受到一些社会因素的影响。例如企业的创始人是当地人，而主要的劳动力也来自本地，这就保证了企业的初始运营成本可以降到最低水平。此后，围绕着首先发展起来的中心企业，其他相关的企业或者模仿其成功模式，或者为中心企业提供配套生产，这就形成了一种集聚效应。应该说，此时的企业选址以及区域品牌经济的孕育主要是出于成本因素的考虑。此后，随着企业的发展壮大，品牌运营战略的提出与推进，就需要扩大生产规模，重新选择生产基地的地理位置。这时，各类综合性的因素都将影响到企业的选址决策，例如土地价格、市场距离、市场容量、人才数量等。

从现代品牌的发展历程来看，与上述区域经济理论也存在着某种程度的吻合。在工业革命之前，真正现代意义上的品牌并未出现，大多数农产品和手工业品只能在较小的区域范围内销售，这些产品的销售范围主要受到运输距离及市场竞争的制约。到了工业革命之后，得益于交通运输业的蓬勃发展，各类工业品开始在较大的地理区域范围内销售。例如从1851年起，位于美国辛辛那提的宝洁公司生产的蜡烛就开始销售到俄亥俄州和密西西比河沿岸的各城市。于是，19世纪之后，工业企业的选址，一方面仍然受到各种产业集聚因素的影响，另一方面也开始充分考虑市场需求方面的因素。到了第二次世界大战以后，随着西方国家工业生产的逐步恢复，以及城市化水平的不断提高，工业企业及产品品牌更趋向于中心城市。从品牌发展的角度来看，中心城市具有交通系统便捷、通信设施完善、信息流通充分、生产服务业发达、人才储备丰富等品牌发展所必须的优势要素。同时，品牌的主要消费市场也集中在中心城市，因为城市具备了广泛而实在的品牌消费意识、能力、趋势等。因而，此时的企业与品牌集中现象同样也是成本与市场两个因素叠加作用的结果。然而，当现代品牌经济发展到20世纪80年代以后，情况发生了较大的变化。自由贸易与全球化的推进，带来了企业经营模式的许多全新变化。集中表现在大量跨国公司的涌现，以及企业运营与生产剥离现象变得日益普遍。营销、研发、财务、人事、行政等非直接生产性事务归属于企业总部运营，而采购、物流、加工、装配、质量管理等直接生产性事务仍然隶属于生产部门。以互联网为代表的现代通信科技的兴起，以及大规模国际化物流业的发展，使得跨国公司完全有能力在全世界范围内设立生产部门，这也直接导致了企业工厂厂房的选址已经较少受到运输费用、市场距离等方面因素的影响。迪肯等人的研究表明,企业的空间增长大致可以分为三个阶段:阶段一,企业形式十分简单,生产单一产品,拥有一个工厂,组织功能简单,仅管理一个工厂的生产,没有战略、管理和日常运作的决策等级划分,例如许多中小企业;阶段二,随着企业生产规模和地理分布范围的扩展,引起组织的劳动分工。一些承担特殊功能的专业化部门建立起来,这些功能的专门化,以及不同区位上工厂的建立,需要更大程度的中央控制,由此分离出公司总部;阶段三,企业规模继续增大,生产活动更加多样化。企业的组织结构形成了一种多分部结构,每一个分部负责一种产品的生产,并面向特定的市场、技术和政策环境。此时,企业的各分部自成生产和销售系统,并分布于不同的国家或不同大洲。许多跨国公司和全球性公司便具有这种结构。

更有甚者,很多大型跨国公司或者知名品牌,已经将生产性事务完全剥离,外包给专业的加工制造企业,这是国际分工深化与专业化发展的一种必然趋势与结果。企业经营模式的这一变化,对区域品牌经济的发展产生了一些微妙而复杂的影响。虽然跨国公司较少愿意将其总部从母国迁移至他国,但生产部门却分散在世界各地。从全球产业价值链体系来看,分散在世界各地的生产部门也为当地创造了就业、产值、税收,以及一些正的外部性,如技术溢出、管理溢出、投资示范作用等。这些都可以看作是某一品牌对区域经济发展的促进作用,但显而易见的是,该品牌从本质上来讲并不属于产品生产的所在地。大量的研究表明,生产加工型企业往往处在全球价值链体系的最底层,只能获取产品销售收益极小的一部分。与品牌相联系的产品研发、市场营销、媒介推广等环节所创造出来的品牌溢价,也就是产品销售的大部分收益被企业总部所获得。作为生产部门所在地的区域经济发展因为缺乏品牌的支撑而变得不稳定和不可持续。因此,区域经济的长期稳定发展,必须依赖本土品牌的成长和推动,这就是区域品牌经济与区域经济根本的相关性。

(二)区域品牌与区域品牌经济

在讨论区域品牌经济之前,需要着重区分的两个概念是区域品牌与区域品牌经济。显然,这是两个既有联系又有区别的概念,但当前学术界却并没有对此进行明确而严格的界定。近年来,区域品牌概念的提出被广泛接受,同时也出现了大量的研究文献,与之相关的概念还包括"区域产业品牌""集群品牌""特色产业"等。虽然表述各不相同,但实际上这些概念所指的意义基本相同。国外学者最早使用"place branding"一词,我国学者将其翻译成"区域品牌",这一概念综合了"Place of Origin Branding"(原产地品牌)、"Nations Branding"(国家品牌)、"Place/City Branding"(区域/城市品牌)等含义,但并不包含"产业集群"要素。而"集群品牌"这一概念则完全是国内学者所发明的,据说这一词是为了研究产业集群、区域和品牌三者之间的关联性而提出的。熊曦认为区域产业品牌是"一定区域范围内社会、文化、经济中具有特色的内容的总和,是区域信息的载体,是一张'区域名片',是一种巨大的无形资产"。由此可见,上述概念主要侧重于分析一定空间地理范围内，围绕某一类特定产品而形成的产业或产业集群，并且通过广泛的销售而形成的品牌效应。

区域品牌经济并非指单一产业或产业集群的品牌，而是指在一定区域内，呈现出不同的品牌层次，并构成多重品牌生态的现象。和上述概念相比，其主要的区别表现在以下几方面。首先，区域品牌或者集群品牌主要研究基于某一特定产品而形成的产业及产业集群，以及在此基础上形成的品牌效应。区域品牌经济关注区域内不同产业的品牌发展，并不仅限于某一产业。例如青岛不仅在啤酒产业中形成了品牌效应，而且在家电产业中同样出现了大小品牌并存的品牌生态。因此我们认为这一区域形成了品牌经济，而不是简单的集群品牌或区域品牌。其次，区域品牌经济重点关注区域内企业品牌的发展，而不仅仅是总体品牌形象的问题。如果某一区域只有总体品牌，却没有知名的企业品牌，则并不能认为其实现了完全的真正的品牌经济。例如浙江的"嵊州领带"，这显然是一个区域品牌，或者集群品牌，但并不能说该区域已经发展出了具有优势的品牌经济。区域品牌或集群品牌固然有助于该区域相关产品扩大知名度，促进产品销售；但对提升产品竞争力，提高区域经济实力却影响甚微。这是因为经济的发展归根结底是企业的发展，如果没有企业品牌的强大，区域品牌无法真正形成。特别是在信用体系并未完全确立，信息不对称十分普遍的市场环境中，区域品牌即便形成了，也有可能因为某些企业的败德行为和机会主义而毁于一旦。最后，正是因为侧重于从企业品牌的前提出发，区域品牌经济特别强调企业主动的品牌创建、传播和推广行为，并且这些行为是基于微观企业经营的需要而实施的，并非政府为推动地方经济发展的需要而开展的品牌推广活动。当然，在当前的市场经济条件下并不能完全排除政府在推动区域品牌经济发展进程中的作用，但这种作用的发挥同样应当以市场经济规律和企业经营需要为前提和基础。

(三) 影响区域品牌经济发展的因素

正因为品牌对于一个地区经济稳定持续发展的重要性，所以才有必要考察促使区域品牌经济形成的各类因素，去解释和理解品牌的区域性特征。同时，也有必要厘清区域品牌经济不同于区域经济的特殊性，从而有助于构建满足区域品牌经济发展的条件和环境。

(1) 交通地理条件。交通地理条件对区域品牌经济的影响主要表现在两个方面：一是自然地理条件对于产品品质的决定性影响；二是交通运输条件对品牌传播与推广的辅助性影响。也就是区域经济学中所说的自然禀赋和区位条件两种因素。农产品或者以农产品为原材料的工业品，在其生产过程中自然地理条件对于产品品质的形成有着至关重要的作用。"橘生淮南则为橘，生于淮北则为枳"，不同地区独特的土壤、气候、水质、地形等因素，决定了某些优质的产品只能将生产基地坐落于特定的地区。例如我国的很多知名品牌产品，如茅台、伊利、双汇等，在品牌发展初期无不是利用当地优质的农产品原料进行加工而生产出了质量上乘的工业制成品。

然而，上述品牌在发展初期的企业选址以区域经济的理论来看，并非处在更易形成品牌的中心城市，那么它们又是如何将品牌传播到全国范围乃至世界各地的呢？仔细考察这些品牌的发源地，可以发现一个普遍的规律，这些地区几乎都处于各类交通的中心地带或附近区域。盛产白酒的茅台镇位于赤水河畔，是川黔水陆交通的咽喉要地。五粮液白酒的产地四川宜宾则位于长江上游、金沙江和岷江下游的"金三角"地区。交通枢纽的地位并不是品牌形成的决定性因素，甚至也不是降低产品运输成本的必要条件，而是在客观上对优质产品的品牌传播起到了不可替代的推动作用。这些品牌在早期的传播过程中，根本没有现代化的通信传媒手段，主要依靠的就是口口相传的口碑传播方式。交通的便利性特征决定了大量的、频繁的区域人员往来，然后通过这些人员经常性的、分散性的口头传播，逐渐形成品牌知名度。

之所以首先要强调区域品牌经济形成的交通地理条件，是因为很多品牌经济并不发达的地区，普遍缺乏人才、资金、信息、技术等要素；如果以现代品牌的创建模式来衡量，并不具备大量投入各种资源进而创建品牌的条件。但与流行的品牌创建理论所不同的是，恰恰是在这些地区涌现出了一批又一批远近闻名的品牌。也就是说，即便是在大众传媒如此发达的今天，仍然有可能不通过大量的资金与媒体费用的投入，而仅仅是依靠独特而优越的交通地理条件来培育知名品牌。

（2）区域品牌经济发展的其他条件。在区域经济欠发达地区成长起来的品牌，通常是以优质的产品为基石，再加上优越的地理条件，经过较为长期的积累而形成的。这种模式在现代工业产品的品牌建设过程中已经显得不太适应，如今的产品开发往往通过深入的市场调研与产品测试，可以最大限度地保障产品的质量与市场前景。在此基础上，大规模的企业生产和营销要求生产商和零售商在尽可能短的时间内建立起品牌知名度，从而促进上述产品的销售。此时，快速建立品牌知名度的要求，便需要现代化的通信、传媒、人才等要素的广泛支持与推动。因此，当一个区域具备更多更充分的此类条件时，再加上其良好的产业基础，那么该区域的品牌经济发展程度就会相对较高。

1）信息通信条件。不同的地理区域在信息流量及通信水平方面会表现出较大的差异，一般来讲，城市尤其是大城市汇集了大量的各类信息，其中包括流行趋势、营销信息、技术创新等方面的信息，这些信息对于品牌的创建与推广有着至关重要的作用。古典的区域经济学理论很少关注到区域信息资源的差异，这是因为在传统工业生产时代，信息对产业区位的选择并不是那么重要。然而，在今天这样一个信息时代，信息对区域经济形成的影响是显而易见且举足轻重的。新竞争经济学的理论认为，广泛的市场、技术和竞争性信息会在产业集聚区域积累与流动，提高整个区域的专业知识储存量与创新可能性。此外，由于集群内部企业及个人在频繁的互动中建立起彼此的信任，使得区域公共信息资源的外溢性十分可观。从制造业的生产过程来看，信息技术的应用提高了劳动的生产率以及产品质量。而在产品的销售过程中，现代信息技术则帮助企业充分沟通产销两个环节，降低库存成本、提高物流效率，同时能够更加准确地预测客户需求，从而开展有针对性的营销。因此，落后的信息通信技术条件将阻碍区域经济的快速发展；反之，信息与通信技术的优势在现代社会中更有助于构建经济发展的优势。同时,由于存在着"循环累积因果效应",区域经济的发展差距又导致了区域信息基础设施建设的巨大差异。以我国为例,截止到 2017 年 4 月,上海、北京、广东、重庆等省/直辖市人均拥有的移动电话数量超过一部,而湖北、青海等省市则不足一部,见表 6-1。这充分说明地区信息通信基础设施和信息设备普及程度的差距,同时也反映了信息交流与沟通需求的差异性特征。

表 6-1　2017 年 4 月部分省市人均移动电话数量　　　　　　　　　单位:部

省市	上海	北京	重庆	广东	湖北	青海
数量	3180.7 万	3838.3 万	3039.3 万	14218.1 万	4804.4 万	552.5 万
人均	1.38	1.96	1.05	1.36	0.84	0.98

资源来源:根据中华人民共和国信息化工业部网站数据整理

2) 文化产业条件。品牌的发展离不开文化创意产业的支撑,这在前文已有述及。纵观当前我国文化创意产业相对较为发达的地区,可以发现,知名品牌主要集中在广东、上海、北京等少数省市。例如北京的 798 艺术社区,最初是由于艺术家为寻找创作灵感,租用较为便宜的空置厂房而聚集起来的,后来随着越来越多的艺术家和文化机构的进驻,逐渐发展成为画廊、艺术中心、艺术家工作室、设计公司、餐饮酒吧等各种空间的聚合,并形成了艺术、文化、商业等行业相互融合的产业特色。此后,包括设计、出版、展示、演出等与品牌创建密切相关的行业与职业相继入驻,更是为北京的各类产业品牌的发展提供源源不断的创意支撑。包括 798 艺术社区在内,北京还有宋庄、潘家园等 10 个文化创意产业集聚区。除北京之外,国内初步形成了其他五大创意产业集群。其一是以上海为龙头的长三角创意产业集群,带动杭州、苏州、南京的工业设计、室内装饰设计、广告策划等行业迅速发展。其二是以广州、深圳为核心的珠三角创意产业集群,以广告、影视、印刷、动漫等行业领先全国。其三是以昆明、丽江、三亚为代表的滇海创意产业集群,在影视、服装等行业比较有特色。其四是以重庆、成都、西安为中心的川陕创意产业集群。其五是以湖南长沙为代表的中部创意产业集群,其电视广播产业已经成为独特的创意产业链。① 从以上文化创意产业集群的区域分布来看,主要是以一些大城市为中心;从功能来看,这些文化创意集群除了自身的创意产品生产之外,还为周边的制造业、第三产业提供文化创意服务,极大地促进了当地及周边的制造业产品品牌的形成与发展。

3) 人才条件。与品牌经济相关的人才条件可以区分为核心人才与外围人才两种类型。其中,与产品研发相关的科技人才,与市场营销相关的销售、广告、公关人才,与生产管理相关的管理与技术人才属于品牌发展的核心人才;而与品牌外部扩展相关的法律、财务、金融、娱乐经纪等方面的人才,则属于外围层次人才。品牌核心层次的人才致力于不断地开发与更新产品,以满足市场不断变化的需求;同时进行精确的品牌定位,树立正确

---

① 王发明. 创意产业集群化导论 [M]. 北京:经济管理出版社,2011.

的品牌形象，开展有效的品牌传播；生产管理人才则保障了产品质量的稳定与提升，从根本上维护品牌的信誉基础。品牌的外围人才则为品牌经济发展的制度、资金、社会资源等方面提供辅助。近年来，新经济增长理论的研究表明，地区间人力资本的差异往往成为经济增长差距的决定性因素。实证的研究揭示了地区间初始人才资本禀赋的差异，以及人力资本从经济欠发达地区向发达地区的流动，对地区经济增长差距的扩大存在着正向的影响。这种影响对地区间品牌经济发展差距的形成同样存在。目前，广东、浙江、北京、上海等省市的品牌经济领先于全国其他地区，其人才数量同样处在全国前列。截至2015年，广东省专业技术人才总量达到490万人，占全国总量的9%；每万人中从事研发活动的科技人员约为470人，居全国第一。北京在2014年每万人拥有科技人才约338人，位居全国第二。由于品牌的建设与发展是企业的一项综合性工程，需要大量各类人才的相互合作与共同努力；对于一个地区而言，品牌经济的发展更是离不开雄厚的人力资源基础作为支撑。

4）政策制度条件。区域经济政策与制度对品牌经济的形成与发展主要体现为一种后续性的作用。在当前的市场经济条件下，品牌经济的出现往往是市场主体即企业和企业家率先发现市场机会，然后经过多年的企业经营而形成品牌效应。地方政府在认识到企业和品牌对当地经济的重要性之后，再制定相应的政策措施予以提倡、鼓励和支持。鉴于我国的多级行政体制决定了各个地方或多或少具有一定的地方性政策制定与实施空间，于是各个地区在推行品牌经济方面也会形成某些差异化的政策与措施。例如我国有些地方会对获得"中国名牌产品"或"中国驰名商标"称号的企业实施一次性的奖励；有些地方则对认定的品牌企业在地方媒体上投放广告进行财政补贴，等等。

当然，需要指出的是，以上这些区域品牌经济的发展条件都是充分条件，而非必要条件。也就是说，当某一区域具备这些条件时，其品牌经济更容易发展起来；而当这一区域不具备这些条件，其品牌经济并非必定无法发展，只是发展的速度相比于具备这些条件的区域而言要慢很多。

第二节 产业集聚与区域品牌经济发展

一、什么是产业集聚

经济活动的空间集聚性是人类社会发展的一个重要规律，古典的区域经济学理论对此已经做出了分析与解释，特别是德国经济学家韦伯的《工业区位论：区位的纯理论》一书中，开创性地阐述了出于降低生产成本的需要以及某些工业部门会向特定区域集中的现象。工业区位的集中通常表现为两种方式，一是由于工业生产规模扩大，以及生产企业间分工协作的加强形成工业内部集聚。生产规模的扩大带来了规模经济效应，而分工协作的加强则促使企业间相互提供原材料、零部件、中间产品等，地理位置的集中缩短了运输距离，因而降低了这些要素的运费成本。二是由于集聚的外部原因引起集聚效应。当越来越多的企业集中在特定的区域，他们就可以共同使用某些公共设施、专用设备等，例如自来水系统、电力系统、污染处理系统等，在提高这些公用设施利用率的同时，也降低了企业的运营成本。此外，工业品加工系数的大小也影响着工业集聚可能性的大小。韦伯的工业集聚理论，直到今天对于很多地方的产业集中现象仍然具有一定的解释能力。随后，克里斯塔勒的中心地理论和廖什的经济景观理论也分别从产业服务范围及市场需求的角度探讨了产业集聚的各类因素，同样也具有较强的启发意义。

二十世纪七八十年代以后，由于东亚经济的崛起，人们又开始重新关注产业集聚这一经济现象。此时的理论分析不但借鉴了古典经济学、新古典经济学中有关分工合作、成本收益分析的理论成果，还运用了新制度经济学中的交易费用理论、新经济地理学中的规模报酬递增理论、新竞争经济学中的产业集群竞争优势理论等。例如胡佛在分析产业集聚现象时引入了地方化经济（localization economies）与城市化经济（urbanization economies）的概念，并强调了二者的区别。佩鲁（Perroux）则主要从产业关联、外部性及最终引起的产业集聚影响到经济增长的角度，探讨了非均衡增长战略的状况，提出了增长极理论。迈克尔·波特（Michael E. Porter）从企业竞争优势和创新能力的角度分析了英、法、德、意、美等国的产业集聚现象，并提出了产业群（industrial cluster）的概念。保罗·克鲁格曼（Paul Krugman）则主要从经济地理的角度探讨了产业集聚的动因，认为贸易成本影响了企业的区位选择，强调外部经济是与供求关系相联系的，而不是纯粹的技术溢出效应。

一般认为，产业集聚是指特定领域内的关联企业、专业化供给企业、服务供应商、关联机构（大学、产业协会、中介机构等）集中于特定的区域，相互间既竞争又合作的一种状态，并形成区内企业之间以地方网络为基础的正式和非正式协作的产业体系。也有学者指出，产业集聚是指大量的产业相关企业、辅助机构在细化分工的基础上，彼此信任、合作，高度集中于特定区域，并嵌入由本地经济行动者构成的关系网络及区域整体规范、价值系统之中的一种社会经济系统。还有学者区分了地区内的产业集聚和跨地区的分工协作，并认为有限地理空间内的企业联系与协作可以看作是集聚，而跨地区的分工协作应当视为一种企业网络。从古典的区域经济学到新经济地理学，再到上述各类关于产业集聚的定义，均提到了产业集聚的一些共同特征，即企业空间地理位置的相对集中，企业与企业之间存在特定相互关系，以及企业的这种集聚现象是由于各种内外部因素影响而形成的。此外，有关产业集聚的定义，不再去探讨哪一个更加准确。我们所关注的是产业集聚这一客观存在的现象，对于区域品牌经济的形成究竟起到了怎样的作用，两者在经济发展的过程中呈现出怎样的一种关系。

二、品牌的区域集中现象

综合考察全国各地的产业集聚区，可以发现品牌的区域集中现象普遍存在。广东省顺德市是著名的家电产业集聚地，这里先后涌现了美的、科龙、容声、万家乐、格兰仕、万和等全国知名品牌；福建的晋江被称为"中国鞋都"，安踏、匹克、361度、特步等品牌在这片土地上生根发芽；浙江宁波和温州地区的服装产业在全国首屈一指，先后孕育了雅戈尔、杉杉、报喜鸟、罗蒙等一大批服装品牌。产业集聚与品牌区域集中相重合的现象并非只出现在上述地区，在全国其他地区同样普遍。当然，品牌区域集中的现象，有的时候并不仅限于同一产业，例如我国青岛的海尔、海信、双星、澳柯玛、青岛啤酒等品牌分别属于不同行业，在上海、北京等地也有这样的情况。

但通过横向的比较与分析，可以发现这些区域品牌集中的过程中，都有一些共同的特征。首先就是这些地区的众多品牌不是同时均衡地出现，而是首先形成一个较为知名的品牌，随后其他品牌逐渐跟进；其次是品牌与品牌之间表现出一定的关联性，即便是不同行业的品牌，其品牌发展的生命周期也呈现出相当大的一致性；最后，这些品牌主要出现在最终产品，即消费品领域，而不是中间产品领域。当然，这并不是说其他地区没有单独的品牌出现，在很多地方都有可能孕育出一些新的品牌，甚至在一些经济相对落后的地区出现"品牌的奇迹"。例如贵阳市的"老干妈"调味品、黑龙江的"五常大米"、内蒙古"鄂尔多斯"羊绒制品等。只不过这些地区的品牌并没有以"品牌群"的形式出现，或者说这些区域的品牌集群仍然处在发展的初期，今后有可能出现与其他地区类似的区域品牌集中现象。

三、产业集聚因素与品牌群的形成

如前所述，产业集聚的现象存在于很多地区，但并非每一个产业集群都必然对应着一个"品牌群"。有的产业集群的确形成了层次分明、数量众多的品牌发展格局；但也有的产业集群虽然自身已经形成较大的规模，但至今没有出现强势的品牌。例如浙江嵊州的领带产业集群、河南郑州的裤装产业集群、广东佛山的玩具产业集群等。因此，可以说产业集群内品牌群落的出现与形成必然受到某些特定因素的影响，其中有些是与产业集聚相关的，而有些则是由品牌本身的运营规律所决定的。

（一）历史因素

有关区域产业集群形成的影响因素历来有两种不同的看法，一种观点是把特定的工业区位模式看成是预先注定的，其决定因素是地理禀赋、运输条件和企业本身的偏好等。另一种观点则主要从一个国家或一个地区产业发展演化的历史过程去分析，指出制度创新、企业组织变革或历史性事件对产业集群形成的影响作用是具有决定性的。需要强调的是，不管持何种观点，如果上述因素促进了产业集群的形成，那么从本质上来讲也就促使了产业内相关产品的出现与提升。产品的品质与创新虽然是品牌创建的基础，但却并不等于品牌本身；品牌的发展还需要依托广告创意、媒体推广和后期维护等。综合考察当前我国各类区域品牌较为集中的产业集群，其中有些品牌群落的形成具有一定的历史性和偶然性，并且主要表现为受到地理区位、社会文化、自然资源禀赋等条件和因素的影响比较明显。例如广东的佛山、中山、东莞等地的产业集群，涌现出了众多的知名品牌。这固然与其工业外贸基础雄厚、企业具有较强的创新意识、政府的政策鼓励等因素有关，但也不可忽略的是，这些地区距离港澳台只有咫尺之遥，不仅率先吸引了港澳台投资的进入，提高了企业的管理与生产水平，以及产品的品质与技术含量，而且这些企业可以就近了解有关品牌经营方面最新的、最先进的信息，从而在全国范围内引领品牌创建的先河。我国香港与台湾地区的市场经济发展较为成熟，特别是在品牌运营方面，如产品设计、广告创意与传播、文化娱乐与演出等产业曾经遥遥领先；改革开放之初，广东各地的企业正是借助地理区位的优势，不断向港台地区的企业学习先进的品牌运营管理经验，甚至是直接利用港台地区的品牌营销资源，才较早地实现了自身品牌的成长与成熟。再比如温州、宁波等地服装品牌的兴起，这些地区由于山多地少，传统的农业生产有时无法满足人们基本的生活需要，于是有些人就开始外出谋生。早在19世纪末，上海开埠不久，大量的"洋人"涌入上海。一些宁波、温州等地来此谋生的农民发现，帮这些"洋人"缝补衣服可以获得较高的收入，同时在拆补过程中逐渐掌握了西服的版式与缝制工艺，于是形成了一个专门的裁缝群体，称之为"红帮"。这些裁缝便成为日后宁波、温州服装产业兴起的奠基人。与此同时，走南闯北的当地生意人虚心吸取各地企业生产经营管理的先进经验，再加上自身敢闯敢拼的区域文化特性，在品牌建设方面舍得投入，进而造就了当地蔚为壮观的服装品牌群。

历史的、偶然的因素通常是无法复制的，因而似乎对其他地区品牌经济的发展缺乏充分的借鉴意义。但需要指出的是，每个地区都有各自的历史文化传承和地域特色，各地在发展区域品牌经济的过程中，首先是要善于发掘符合当地自然、人文、历史等条件的产业与行业；其次是要将这些行业与先进的生产管理、品牌运营经验相结合。因此，可以说不同的地区，在如今的市场经济条件下仍然具备了发展各自品牌经济的可能性。

(二) 知识扩散因素

自新制度经济学形成以来，人们对区域内产业集聚的现象获得了一种新的视角。基于地理位置趋近的优势，无论是同类产品企业的集中，还是配套产品企业的聚集，都可以用交易费用、规模经济、信息成本等理论进行解释。然而，对于集群内品牌群落的出现与形成，运用此类理论进行分析需要更加谨慎。由于品牌的内涵与外延相比于产品更加丰富而广泛，不仅涉及产品创新、质量提高、管理提升等方面，还关系到品牌的创意设计、宣传推广、市场营销等方面。大多数产业集群的品牌群落形成过程表现为：首先是一个领导品牌经过多年的运营逐渐发展壮大，随后其他中小品牌纷纷跟进，最终形成一定规模的品牌群落。新制度经济学派把大企业或领导品牌的形成看作是一种创新，这一创新综合涵盖了熊彼特所说的五种创新类型。事实上，大企业或领导品牌之所以能够发展壮大，的确归因于广泛而持续的创新，他们或者是不断地研发新产品，或者是开拓新市场，或者是采用新的经营模式。领导品牌的成功，对当地其他企业的示范意义和激励作用是明显而实在的。于是，建立在区域空间集聚基础上的低成本信息扩散、知识与技术外溢、企业间学习与模仿等企业行为便自然发生，且在当地企业间呈现出不断扩散的态势，从而促进了其他企业品牌的形成。哈耶克较早地指出了公共知识和隐性知识的概念，指出了社会成员知识的局限性，以及成员之间在分工合作过程中分享或共享知识的可能性。产业集聚区内企业间的品牌形成与扩散恰恰是创新知识这种公共知识以及某些隐性知识的分享与共享。

然而，品牌的创建与发展作为一种企业内部知识，有时会上升成为商业机密的层次。即便是一般的企业经验，很多企业经营者也不太愿意与他人分享，更何况集群内有些企业是与自己形成直接竞争关系的。那么，为何那些品牌运营的相关做法与知识仍然会在集群内快速的传播呢？集群内的网络信任、网络互动、非正式交往等理论解释了这一问题。产业集群内的企业家之间往往具有相同的文化背景、语言习俗或者是兴趣爱好；他们之中有些人甚至是从小一起长大，或者具有亲戚朋友的关系。这在很大程度上降低了企业家相互之间的信任成本。尽管他们之间也存在着利益冲突，但在面对外部市场力量时，还是会自发地形成类似于"大家族"的松散整体。大量的研究表明，多数用于支持创新的知识和信息是通过个人联系获得的，企业之间个人的交流网络在创新信息的扩散和支持创新所需的知识方面起着非常重要的作用。基于信任的网络关系可以激起网络成员彼此接触、交流信息的愿望，并在具体集体学习过程中，更加开放自己的思想及知识储备，使信息可以更充分、自由地在交往网络中流动并为对方所获得。[1] 随后，集群内其他企业家和企业通过简单的模仿与学习，或者共用某些资源，就可以部分地创建出类似的品牌。当然，也不排除其他企业有更多的创新行为，从而超过先发品牌或领导品牌，成为新的领导品牌。

四、区域品牌集聚模型

根据上述分析，考虑一个初始区域内，首先出现了一个领导品牌企业，该企业经过一段时间地经营后取得了初步成功。随后，其他跟随企业决定在该区域内投资生产同类产品。此时需要界定的是众多跟随企业与领导品牌企业的直线距离究竟在多大范围内，这些企业和品牌属于区域品牌集聚，如果超出这一范围则不再属于集聚，或者不会出现跟随企

---

[1] 林竞君. 网络、社会资本与集群生命周期研究：一个新经济社会学的视角 [M]. 上海：上海人民出版社，2005.

业或品牌。设 l 为跟随品牌企业与领导品牌企业的直线距离，C_m 为由于知识扩散而形成的跟随企业生产成本的节约，因为现实中知识扩散会随着空间距离的增大而逐步衰减，所以这一成本的节约与距离成反比关系。假设跟随企业在没有知识扩散情况下的生产成本为 C_0，当存在知识扩散时其成本则变成 C_1，由此可得

$$C_1 = C_0 - C_m$$

其中

$$C_m = \alpha \frac{1}{l}$$

这里，α 为常数，取决于社会关系网络、文化风俗习惯、通信技术水平等外部因素。

于是，得

$$C_1 = C_0 - \alpha \frac{1}{l}$$

经过变换，求得

$$l = \frac{\alpha}{C_0 - C_1}$$

也就是说跟随企业与领导企业的距离由成本因素和其他相关因素所决定，当跟随企业希望节约更多成本时，在企业选址时就会离领导企业越近；或者反过来说，跟随企业离领导企业越近，就越能节约更多的成本。但现实中并未出现跟随企业完全围绕在领导企业周围建立生产工厂的情形，而是类似于随机地分布在一定的区域范围内。那么这就需要用历史因素来解释这一结果。但即便如此，产业集聚的现象仍然存在，特别是产业发展进程中基于成本节约考虑的空间集聚性表现得非常明显。同时，就我国的产业集群来看，集群的区域范围大小呈现出一种收敛趋势，即 l 也趋向于一个常数；这并不让人感到意外，因为一国之内的 α 大体相等。从集群经济较为发达的地区来看，其区域面积非常接近，这也至少说明了产业集群的空间集聚规模在我国东部沿海基本上相差不大，见表6-2。如果将这些区域面积和领导品牌企业所辐射的范围近似地看作是一个圆形，则可以大致计算出跟随品牌企业的最大可能距离。

表6-2 产业集聚地的面积　　　　　　　　　　　　单位：km²

县/市/区	昆山	顺德	晋江	义乌	慈溪
区域面积	927.68	806	649	1105.46	1361

除了上述这些因素之外，由于我国经济发展模式的特殊性，有些因素也在区域品牌群落形成过程中起着决定性的作用，例如制度政策因素、地理区位因素等。这些因素往往被标准的经济理论所忽视，但在品牌形成的过程中却不可忽视。时至今日，随着经济学的发展，任何一个完整的经济模型，都不应排除制度、空间等变量对经济运行结果的影响。

第三节 中国区域品牌经济的三种发展模式

一、广东模式

广东省及其多个城市是我国最早的通商开放口岸，到了改革开放之后，仍然是全国最早开展对外贸易的省份。得益于对外贸易的不断发展，广东省的轻工业在改革开放之后也迅速崛起，包括服装、家具、小家电、建筑材料等行业及产品开始在国内畅销不衰。为配合外贸出口与"三来一补"业务，广东省各类企业开始逐步提高自己的技术装备、工艺水平、研发能力等。通常，"三来一补"是指来料加工、来样定做、来件装配和补偿贸易，是较为初级的对外贸易方式。1978年7月，国务院颁布了《开展对外加工装配业务试行办法》。同年8月，东莞县委和县政府抓住这一机遇，开始了引进外资，振兴地方经济的工作。东莞县二轻局和香港信孚手袋制品公司签下了东莞第一宗来料加工企业合作合同。同年9月15日，全国第一间对外来料加工厂——由原来的虎门太平竹器社改办而成的东莞太平手袋厂正式开工。到了第二年10月份，东莞就签订"三来一补"协议184宗，在1978—1993年的15年间，东莞共引进"三来一补"企业1 100家，取得各项税费收入15亿美元。[①] 在这一阶段，广东充分发挥了距离港澳台地区较近的区位优势，率先和这些地区开展贸易往来。在贸易交往的过程中，广东省不但通过出口大量初级加工产品获得了外汇收入，同时制造业的发展水平也得到了极大的提升。例如，广东顺德在近20年间逐渐发展成为全国较大规模的工业制造中心。特别是在家电制造业，微波炉、电风扇、电饭锅、空调器、热水器等10多个产品产销量位居全国乃至全球第一。作为全国最大的家电生产基地之一，同时也是品种最全、规模最大的家电配件生产基地，顺德共有大大小小的家电企业3 000多家，规模家电企业及配件企业产值占全市工业产值的50%以上；拥有"美的、科龙、容声、万家乐、格兰仕、万和"等六大中国驰名商标。整个二十世纪八九十年代，广东利用"两头在外"的经济模式，以及得天独厚的区位优势，将国外的先进技术、管理理念和消费意识率先引入国内，发展出了一批具有全国先进水平的产业和产品。此外，深圳、中山、东莞等地也纷纷培育出了各类全国性的知名品牌。

在开展对外加工贸易的同时，广东省的很多企业开始摆脱对外资企业的依赖，有意识地创建自己的品牌。进入二十一世纪以来，广东省的品牌经济进一步提升，以华为、TCL、美的、格力、王老吉为代表的一批全国乃至世界知名品牌持续发展。此时，企业的品牌优势已经不再局限于过去的工艺水平、产品质量、外观设计方面，而是进入到了自主研发与创新的轨道上来。二十世纪九十年代中后期，随着生产要素成本的上升、市场竞争的加剧

---

① 肖南方. 珠三角大悬念[M]. 杭州：浙江人民出版社，2008.

和买方市场的来临,发展初期的"剪刀工厂""螺丝刀工厂"(靠简单工具的手工制作)难以为继,广东产业的发展面临挑战。1998年广东省科技厅发起了"广东专业镇技术创新试点"的申报工作,并投入专项资金帮助各镇建立技术创新中心。由于技术创新与产品研发在当时产业集聚地具有极高的正外部性,单个企业因无法获得全部收益而缺乏创新与研发的动力;此时就需要政府来提供这一"准公共产品",应该说这是符合当时产业与品牌发展的实际需求的。同时,因为产业集群往往生产同一类别的产品,对技术设备和设计的需求基本上是相似的,所以地方政府在设立技术创新中心方面具有规模效应,也更容易取得成功。例如中山市古镇的灯饰产品,通过技术引进与创新,使得整个产业集群的灯饰品种开发数量由每年新增十几种变为上百种,产品合格率由40%上升到80%以上。① 此后,广东省继续提升制造业的生产技术水平和研发能力。到了2010年,广东全省的先进制造业增加值达到9 466.35亿元。同年,珠江三角洲响应广东省启动的实施改造提升优势传统产业,推进传统产业数字化改造、装备制造数字化、清洁生产信息技术应用和节能减排信息技术应用等"4个100"示范工程;实施技术改造滚动计划和工业企业重点技术改造"双千工程"。重点建设珠三角地区国家级信息化与工业化融合试验区,以产业集群为基础培育区域国际品牌,在五金家电、建筑材料、食品饮料、纺织服装等领域培育了一批国内领先的大企业集团。② 而像华为、格力等大型企业集团,其每年的专利申请数量都达到了全国前十的排名,2016年国家专利局的统计表明,华为专利授权量为2 690件,格力为871件。持续的产品研发与技术改进,不断提升广东省制造业的发展水平,同时也促进了品牌经济的全面发展。可以说,广东省在走过了二十世纪八九十年代以外贸加工为主的阶段之后,在二十一世纪正逐步进入以培育自主品牌为主的经济发展阶段。总结起来,广东省的品牌经济发展模式如图6-1所示。

图6-1　广东省品牌经济的发展模式

二、福建、浙江模式

福建省位于我国的东南沿海地区,总人口3 800多万(2016年)。2016年国内生产总值达到28 519.15亿元,人均国内生产总值达到73 951元。近年来全省三次产业比重升级为3.1∶34.1∶62.8,基本实现了工业化。其中,泉州纺织产业集群、鞋业产业集群已经成长为百亿级产业;厦漳视听产品产业集群、福州汽车及零部件产业集群、福安电机电器产业集群、厦门汽车及零部件产业集群等也形成了较大规模。产业发展的同时也涌现出了

---

① 王珺. 集群成长与区域发展[M]. 北京:经济科学出版社,2004.
② 广东省发展和改革委员会. 广东省区域发展报告(2010)[R]. 广州:暨南大学出版社,2011.

一批全国乃至全球知名的品牌,全省在 2010 年底拥有中国驰名商标 158 件,中国名牌产品 100 种。① 正新轮胎、福耀玻璃、恒安纸业、劲霸男装、安踏体育以及九牧卫浴等就是其中比较典型的例子。以泉州晋江的鞋业产业集群为例,品牌经济发展较为成功和明显。

福建的晋江以生产运动鞋及其他运动用品闻名于世,当地制鞋企业总数超过 3 000 家,目前已经拥有匹克、安踏、特步、361 度以及鸿星尔克等全国知名品牌。这些制鞋企业及其相关品牌在发展的早期有着诸多的相似之处,很多都是通过代工(OEM)和配套生产,积累了一定的生产加工经验,随后才开始发展自有的品牌。1983 年,耐克在福建泉州建立工厂,但在不久之后即迁往莆田。然而,恰是在这短短的几年时间里,晋江的制鞋业已经从耐克工厂获得了许多的收益。其中,首先获益的是匹克集团。1988 年,匹克集团创始人许景南在创业之初的想法就是为耐克做代工,然而,令人意想不到的是,当他们的厂房刚刚建成的时候,耐克在泉州的工厂却搬迁了。许景南被迫转而创建自己的品牌,并且将耐克工厂遗留下来的 80% 技术人员和工人招至麾下。到了 20 世纪 90 年代,匹克凭借自身的制造优势已经成为国内领先的篮球鞋制造企业。1991 年,匹克赞助八一男子篮球队,当年该篮球队夺得了全国篮球联赛的冠军,使得匹克品牌获得了极大的关注,相关产品的销售也大幅增长。到了 1997 年,匹克的无形资产评估达到 1.999 亿元,随后还冠名赞助了全国男篮甲 A 甲 B 联赛。匹克在体育赛事赞助上取得的成功引起了其他晋江制鞋企业的关注和效仿。1994 年丁志忠家族开始以"安踏"为企业和品牌名称销售其自己生产的运动鞋,并且在 1997 年实施了企业形象系统(VI)战略。1995 年安踏赞助了第 67 届男子和女子世界举重锦标赛,此后还分别赞助了中国大学生篮球联赛、中国男女排球联赛等;特步开始赞助厦门马拉松锦标赛、全国极限运动大赛等。1998 年,晋江适时提出了"品牌立市"战略,并为鼓励创新创牌设立了高额奖金,到 2005 年最高奖金额已经达到 2 483 万元。

但在产业集群和品牌发展的过程中,同样也存在着一些普遍的问题。制鞋企业之间在品牌运营过程中表现出明显的品牌同质化倾向,甚至有些中小企业依靠假冒名牌而违法经营。一些产业集群内缺乏自治组织,集群内的组织度不高,协调能力不强,造成企业压价竞销、仿冒、偷工减料等无序竞争时有发生。可以说,晋江鞋业的品牌经济之路开始于模仿和加工,经历过假冒伪劣的曲折弯路,如今正逐步进入正轨,但仍然有众多的企业还处在品牌创建与发展的摸索期。

浙江的区域品牌经济发展与福建晋江地区有着诸多的类似之处。早在南宋时期形成的永嘉学派,提倡功利之学,反对虚谈生命,这一思想逐渐演化成了温甬地区浓厚的商品经济氛围与传统。明清以来,富工富商及经营工商业的地主等新兴阶层已经在永嘉地区出现,并不断发展。但在建国后,由于计划经济的推行以及意识形态等方面的原因,个体工商及私营经济受到了严格的限制。直至改革开放之后,浙江的民营经济才又逐步兴起,当

---

① 福建省人民政府发展研究中心. 海峡西岸经济区发展报告(2011)[R]. 北京:社会科学文献出版社,2012.

时的民营企业仍然以"前店后厂"的家庭作坊以及规模较小的个体工商户为主,据 1985 年的《解放日报》记载,温州有 33 万人从事家庭工业,到了 1986 年农户兼营工业的收入已经达到 63 814 万元。此后的浙江几乎成为了各类小商品产业汇聚的主要生产基地,包括纽扣、领带、拉链、五金、服装、制鞋、打火机……各类商品和行业在全省范围内遍地开花、蔚为壮观。

然而,在创业和商品经济发展的大潮中,也逐渐暴露出了很多的问题与弊端。由家庭作坊发展形成的中小企业普遍规模小、档次低、质量差,更有一些企业为了获取暴利,不惜以次充好、以假乱真,导致了市场上假冒伪劣商品泛滥。二十世纪八十年代后期,温州的一部分制鞋企业只求盲目发展,不顾产品质量,当时的轻工业部曾对北京市场上销售的温州鞋进行检测,结果显示旅游鞋不合格的占 67%,胶鞋和皮鞋不合格的占 55%,随后在上海、武汉、沈阳等城市出现了全面驱逐温州鞋类产品的风潮。再比如制药业,温州瑞安的一个公社,光制造假黄连素的药厂就有 30 多个,此后更是查出了 52 个制造各类假冒药的假药厂。还有些假冒名牌的产品甚至从商标、包装、产品等各个环节已经形成了一个完整的产业链。可以说,整个浙江的民营经济在二十世纪八九十年代因为假货风潮而陷入了信任危机,全国各地都把"浙江货"看作是等同于假货的低档商品,浙江品牌经济的发展由此跌入谷底。

此后,浙江的民营企业痛定思痛,再加上我国的市场经济体系逐步完善,越来越多的企业家开始重视产品质量和品牌建设。截至 2008 年,浙江省拥有国家级企业技术中心 38 家,总数居全国第二;获国家科学技术奖 24 项,其中国家技术发明二等奖 6 项,国家科技进步二等奖 18 项。各产业集群内共建立了 278 个公共服务平台,设立各行业协会 210 个,逐步形成了区域技术联盟和创新体系。2007 年,万向集团的钱潮 QC 牌万向节荣获"中国世界名牌产品"称号,各集群共有 188 个中国名牌产品,并且形成了宁波服装、绍兴纺织、永康五金、温州皮鞋、嵊州领带、瑞安汽配、安吉椅业、义乌小商品以及大唐袜业等 240 个特色鲜明的全国性产业基地称号。[①] 浙江商人在注重产品质量的同时,也开始利用各种渠道和媒介宣传推广自己的产品和品牌。例如雅戈尔、杉杉、报喜鸟、罗蒙、奥康和美特斯邦威等服装鞋类产品,纷纷通过聘请形象代言人、在中央电视台等大众传媒投放广告、开设连锁专卖店等方式,扩大品牌影响力和产品销售规模。至此,浙江的民营企业开始重塑企业和品牌形象,品牌经济的发展进入一个新的阶段。因此,总体来看,福建和浙江的产业集群中,品牌经济大致经历了如图 6-2 所示的发展模式。

图 6-2 福建、浙江的品牌经济发展模式

---

① 刘仁伍. 浙江民营经济发展报告(2011)[M]. 北京:社会科学文献出版社,2012.

三、上海模式

今天的上海，正在着力打造成为集航运中心、信息中心和金融中心为一体的国际化大都市；然而，从历史发展的过程来看，上海的工业水平在全国也曾经是首屈一指的，不但培育出了众多的名牌产品，同时也带动了周边城市品牌经济的发展。因此，可以说上海在区域品牌经济的发展进程中同样是不容忽视且举足轻重的。

早在第一次鸦片战争之后，上海便逐步成为我国近代民族工业的发祥地。在1850年到1859年的近10年间，外资在中国开设的船厂有18家，其中有12家就开在上海，占三分之二。随后，民族私人资本企业开始从这些外资造船厂获得部分维修和配件业务。到了十九世纪六七十年代，上海已有船舶和机器修理工厂4家，其中最著名的是发昌机器厂。发昌机器厂在1890年时已经拥有车床10多台，雇用工人200多名，成为上海最早的民族资本私人机器工业企业。与此同时，建立在农产品加工基础上的纺织、皮革、棉花、印刷等工业企业也渐次兴起。到了二十世纪二十年代，上海的民族工业已经形成了一个拥有16个大类、40多个细类的分工较细的行业体系。不仅如此，早期的上海民族工业企业一方面注重产品质量，另一方面也利用开放口岸浓厚的商业氛围以及完善的商业体系开展品牌运作，并出现了兵船牌面粉、人钟牌棉纱、佛手味精、钟牌414毛巾、"亚"字牌灯泡、"双钱"牌轮胎等名牌产品。① 此时的上海，包括报纸、电台、户外、传单等各种类型的广告形式都已经出现，上述企业和品牌也不遗余力地采用这些广告形式以招徕顾客、扩大销量与知名度。因此，可以认为，早在民国初年上海的企业已经在客观上出现了品牌运营的端倪。

新中国成立后，上海的工业生产经历了四个不同的发展阶段，从1949年至1952年，是上海工业的恢复期，主要任务是恢复国民党统治及内战期间被破坏的工业生产能力；1953年至1957年是社会主义改造时期，社会主义经济的主导地位开始建立起来；1958年至1965年是"大跃进"和国民经济调整时期，上海工业虽然受到影响，但还是确立了综合性工业基地的地位；1966年至1978年，上海工业体系遭受了严重的损害，但一些特殊的工业部门仍有一定发展。但是，由于计划经济体制的内在局限性，市场的作用被人为抑制甚至完全取消，因此依赖于市场而生的企业和产品品牌也在这一时期销声匿迹了。所幸的是，上海工业虽然经历了众多政治因素的冲击，但从根本上追求质量与技术的生产理念与传统并没有消失。1960年的时候，国家就提出把上海建成国家新产品试制和新技术研究的基地。当时广泛采用新工艺、新技术、新材料、新设备，新建一批原材料工业，特别是"二五"期间还提出上海工业向"高级、精密、尖端"发展思路。1965年上海市主要工业产品质量达到国内先进水平和符合质量标准的一、二类产品占98%。文化大革命之前，在轻工业领域，上海已经分别涌现出了英雄100型金笔、永久牌自行车、红双喜乒乓球、上

---

① 潘君祥，段炼. 话说沪商 [M]. 北京：中华工商联合出版社，2007.

海牌手表、蝴蝶牌缝纫机等。① 一时间，上海生产的轻工业产品，成为了质量的代名词，畅销全国。

改革开放之后，上海的工业产品生产与品牌建设进一步发展。在二十世纪八九十年代，上海的城市功能定位主要是围绕制造业转型升级，因此品牌经济的发展重点是以制造业产品品牌为主，采取的主要方法是传统品牌企业的兼并与转制。这一做法，使得一批传统品牌企业能够充分利用上海的人才、技术、体制等方面的优势，重新焕发出生机，提升了品牌经济的实力。例如食品行业的大白兔奶糖、佛手味精、光明牛奶，自行车行业的永久、凤凰，珠宝行业的老凤祥、亚一等。同时，在城市功能转型的过程中，也产生了一批新的制造业品牌，如六神、佰草集、太太乐鸡精、汤臣倍健保健品等。据统计，2009年上海868家驰名商标和著名商标企业共实现销售收入9 643亿元，占上海GDP的65%，实现利润1 221亿元，上缴税收927亿元。如今，上海虽然提出了新的城市发展目标，开始强调现代服务业在城市经济中的重要性，但不可否认的是，经过100多年工业发展而积累起来的工业品牌仍然是上海经济建设中不可或缺的重要资产。

由此可见，上海品牌经济的发展，得益于其雄厚的工业基础和完善的工业体系，以及在工业发展过程中逐渐形成的技术与质量并重的经营理念。虽然从最初民族工业起步至今100多年的历史进程中，品牌经济的发展也经历了一些波折与停顿，但在技术与质量上精益求精的生产经营理念始终没有改变。在新的历史时期，在整个城市发展的转型阶段，上海工业生产的水平与技术仍然在全国占有一席之地，其品牌经济的发展历史与经验依然可以为全国其他区域促进品牌经济的发展提供有益的借鉴与启示。

---

① 周振华，熊月之，张广生，等. 上海：城市嬗变及展望（上卷）：工商城市的上海（1949—1978）[M]. 上海：格致出版社、上海人民出版社，2010.

第七章 经济制度与品牌经济

第一节 制度变迁与经济发展

一、制度、产权和交易费用

相较于古典经济学和新古典经济学中忽略制度对经济增长的影响,制度经济学与新制度经济学充分强调制度对经济发展的促进作用。尽管以罗纳德·科斯(R. Coase)为代表的新制度经济学和以凡伯仑及康芒斯为代表的旧制度经济学并未能融合成一个统一的理论体系,但他们对制度的共同关注的确使人们认识到主流经济学分析框架内所缺失的一些方法、理念和因素,对于理解经济增长同样非常重要。比如制度和文化的因素、动态演进的分析方法等。由于新制度经济学派比较成功地将主流经济学的成本-收益分析框架运用到制度分析的过程中,因此他们的分析范式更加易于被主流经济学所承认和接受。自20世纪60年代以来,有关制度与经济增长相关性的研究,大多数都借鉴和吸收了新制度学派的研究成果。这方面的研究首先起源于科斯对企业性质的思考,他认为企业存在的根本原因是基于交易成本的比较,即如果企业内部交易成本低于市场交易成本,人们就会倾向于成立企业,以此来降低交易成本,这就是企业和市场的边界是如何确定的基本标准。在此基础上,科斯又考察了私人成本和社会成本问题,并提出了著名的"科斯定理":只要财产权是明确的,并且交易费用为零或者很小,那么无论初始产权属于谁,市场均衡的最终结果都是有效率的。科斯定理在明确降低交易费用对于提升市场效率的基本原理之外,同时也引出了制度经济学中另一个极其重要的概念——产权。制度经济学家阿尔钦认为,产权是一个社会所强制实施的选择一种经济品的使用的权利。私有产权则是将这种权利分配给一个特定的人,它可以同附着在其他物品上的类似权利相交换。[①] 政府的作用就是通过制定特定的制度,来确保个人的私有产权,以及与这一产权相关的其他权益,包括自由交易权利、分配权利、获益权利等。

综上可见,由于经济运行中的外部性和社会成本问题,私人企业往往无法完全从自己

[①] R. 科斯. 财产权利与制度变迁:产权学派与新制度学派论文集[G]. 刘守英,等,译. 上海:上海三联书店,上海人民出版社,1994 (11):166-167.

所从事的经济活动中获益，或者因某些不当行为而受到惩罚；在完全自由的市场经济条件下，这样的结果无疑会导致经济活动日益减少。如果简单地由经济活动的双方通过谈判来解决外部性问题，则可能由于交易成本非常巨大而变得不可行，甚至根本不会发生这种谈判。此时，产权与产权制度的重要性就凸显出来。对经济中各类事物进行严格而清晰的产权界定，并确立和保护财产权利的归属和交易，是私人企业就外部性进行谈判的前提条件。这就涉及产权制度的确立问题，从而产权制度几乎成为经济运行中最重要、最核心的制度。

然而，并非所有的制度都是由政府供给的。一般来讲，制度可以分为正式制度和非正式制度。在正式制度中，法律、法规、条例等公共制度是由国家和政府制定的，私人企业中的规章制度则是由企业根据内外部环境而确立的。另外，文化习俗、社会潮流、道德观念等非正式制度则是由历史积累或社会变迁而逐步形成的。作为非正式制度中的重要组成部分的意识形态，则能够有效地克服"搭便车"等各类机会主义行为，从而同样降低社会交易费用。诺斯认为，"意识形态是种节约机制，通过它，人们认识了他们所处环境，并被一种'世界观'所引导，从而使决策过程简单明了。"① 经验观察表明，无论是正式的制度还是非正式制度，在一个较短的特定时期内是相对稳定的，而在长期中则会发生变迁。这种变迁基于人们的现实经验与思想意识之间的矛盾，这样的矛盾从经济活动上来看，源于经济事物相对价格的变化；当这一变化持续累积并最终影响人们的福利和幸福时，将迫使人们首先改变其意识形态，进而改变正式的制度。例如在人类历史上，由于耕作驯养农业的发展，因而使得农作物和禽畜的产量不断增加，从而出现了剩余农产品。剩余产品的出现使得私有财产成为可能，原来的部落公有制度便逐渐趋于瓦解。这就是制度变迁。

二、制度供给与经济发展

制度对于经济发展的作用究竟是如何发挥的？为什么说这样的作用是根本的和重要的呢？

私有产权的界定，不仅私人之间可以通过产权的谈判和交易来克服外部性或社会成本问题，还能够激励私人从事更广泛的经济活动，从而促进经济的发展。诺斯认为，私人所有者之间通过市场契约转让的产权必须是排他性的权利。这种权利不仅必须是可度量的，而且必须是能行使的。而国家作为第三种当事人，能通过建立非人格化的立法和执法机构来降低交易费用。既然法律的发展是一种公共产品，它就能随之带来具有重要意义的规模经济。既然交换的基本规则已经确立，那么，只要存在法律机构，谈判和行使的费用就会不断减少。② 由此可见，制度对经济增长的促进作用主要体现在规模经济的形成和交易费

---

①② 道格拉斯·C. 诺斯. 经济史中的结构与变迁 [M]. 陈郁，罗华平，等，译. 上海：上海三联书店，上海人民出版社，1994.

用的降低两方面，另一个则是促进数量更多的活跃的经济活动，并且这两方面显然是紧密结合在一起的。实际上，早在亚当斯密的《国富论》中就指出了，互惠式的自愿交易在容量上的扩展会促进专业化与分工，进而有利于经济增长，这被称为"斯密动力"。

当然，事实上制度也并不总是促进经济发展的，有时也会阻碍经济的发展；否则，就不会发生制度变迁。也就是说，制度并不会自动适应经济事物相对价格的变化，原有的制度在变迁的过程中往往会有一个滞后的现象。特别是由一系列正式制度所构成的国家和政府，其本身在推进制度变迁的过程中有时会形成严重的滞后问题。著名的"诺斯悖论"认为，国家的存在是经济增长的关键，然而国家又是人为经济衰退的根源。国家或政府首先依靠暴力强制来确保产权的界定和实施，以此降低交易费用、促进经济活动和经济增长；但随着经济事物相对价格的变化，在原有的制度环境下交易费用增大。与此同时，潜在的竞争统治者将会在国家内部出现。交易费用约束与竞争约束的交互作用，导致了无效率产权的扩展。此时，帮助统治者集团获得最大化租金的产权结构与推进经济增长的作用变得相互冲突。于是，不同的利益集团在制度变迁过程中展开博弈，如果统治者集团认为新的制度安排将会降低他们的预期效用甚至威胁到他们的统治和生存，那么他们必然会利用手中的权力和暴力来抵制制度变迁和新的制度安排。如果竞争统治者集团缺乏足够的力量和推进制度变迁的成本，有利于经济增长的新的产权制度及其相关制度就不会出现。经济因此而陷入衰退。所以，制度对于经济发展的作用是双重的，合适的制度的确能够推动经济的增长，而不适当的制度则会阻碍经济的进步与发展。

三、中国的制度变迁与民营企业发展

自20世纪80年代以来中国取得的经济成就与民营经济的发展显然是分不开的，而民营经济的出现本身就是制度变迁的一种表现和结果。在1978年之前，意识形态以及其他政治因素制约和影响了中国的经济发展。直到党的十一届三中全会之后，意识形态的禁锢才开始有所松动，这集中体现在中国共产党的拨乱反正工作和"真理标准"问题的大讨论上。随之而来的便是实际经济中的制度转变，而这种转变首先是从农村开始的。发端于安徽农村的家庭联产承包责任制是农民自发性的一种制度变迁，这是由于人口的增长以及人民公社的发展导致了农业产出已经无法满足人们的日常生存需要。幸运的是，这种自发的制度变迁得到了中央政府的默认。进一步的，新的生产经营制度所取得的成功，促使中央政府下定决心不仅在全国农村进行推广，而且开始逐步在工业企业和服务性行业中进行试点和试验。不同于俄罗斯的激进式的全面私有化改革，中国的改革和制度变迁始终是渐进式的，这种改革的方式保证了民营经济的发展能够获得足够的空间以及经受较小的冲击。因此，可以说"联产承包责任制带给中国人的不仅是粮食生产大丰收，而更重要的是，它带来了中国制度创新的增长引擎。后来发生的许多制度变迁都可以从承包制中找到'历史

逻辑起点'"，①也应当看到，中国的民营经济并非改革开放后出现的全新事物，而是发源于人民公社时期的社队企业。早在1958年，党的八届六中全会就强调人民公社要大办工业，实行手工业和机器工业相结合的方式，充分利用土钢铁、土机床和其他各种土原料、土设备、土办法，逐步由土变洋，由小变大，由低到高，目的是缩小城乡差别，把一个适当的劳动力从农业方面转到工业方面，加快国家的工业化进程。虽然社队企业在随后的三年自然灾害和文化大革命期间出现了反复，但却从未完全消亡；作为城市正规工业的补充，小型社办企业的数量在改革开放的前两年就已经超过了十万家。②特别是在江苏、浙江、福建、广东等沿海省份，历史上就有着浓厚的手工业和经商传统，等到政策稍有松动，原有的社队企业和个体经济就如雨后春笋般爆发式成长起来。1984年农村地区的小企业（包含集体企业）数量为60.9万家，其中以个体工商户为主的民营企业数为42万家，占比为69.82%；1985年这一类型的民营企业数量增加到103.7万家，占比增加到84.87%；1986年民营企业数量和占比分别达到134.3万家，占比增加到88.60%。③

只是在改革开放初期的时候，民营企业的规模普遍较小，并且产权制度也比较模糊。这同样是特定历史时期由于制度约束所造成的。从当时的意识形态来看，虽然已经放宽了对个私经济的限制，允许个人从事副业、服务业、运输业，但对于这些企业的性质仍然进行了严格的界定，1982年修订的《中华人民共和国宪法》修正案将其定性为"一定范围的劳动者个体经济是必要补充"。与此同时对雇工超过8人以上个体私营企业，认为其具有资本主义性质而加以严格的禁止。于是，很多成长前景良好，成长速度较快的个私企业只能采取一种折衷的方法，即通过挂靠当地的国有企业、集体企业或政府机构，而成为所谓的"红帽子"企业。这一做法虽然解决了扩大企业规模的问题，但却为今后的产权归属埋下了严重的隐患。

进入20世纪90年代后，我国的民营经济进入快速增长期，很多民营企业迅速发展壮大。随着企业的收益和资产不断增加，建立在产权关系基础上的剩余索取权也逐渐被放大。此时，在企业初创时所形成的模糊的混合的所有制结构，便开始成为剩余索取权争执甚至斗争的依据和依托，并进而影响和制约着企业进一步发展。显然，为了促进民营经济的进一步发展，需要进行再一次的制度变革和创新。为此，第九届人大通过的宪法修订案，将非公有制经济重新界定为"社会主义市场经济的重要组成部分"，从而在法律上明确了民营企业的经济地位。此外，针对民营企业所有权经营权不分，具有浓厚的血缘、亲缘、地缘等宗法性特征，以及挂靠或借用国有、集体或政府机构名义的问题，从学术界、政府机构到实业界都发出了进行民营企业产权制度改革的呼声。于是，从20世纪90年代中后期以来，我国的民营企业开始了以摘掉"红帽子"和股份制改造为主的产权制度改

---

①② 李维安. 中国民营经济制度创新与发展[M]. 北京：经济科学出版社，2009.
③ Lin Justin Yifu, Yang Yao. Chinese Rural Industrialization in the Context of East Asian Miracle [C]. Beijing：Peking University Press，1999.

革。虽然这一改革的进程仍然缓慢,但改制成功后的民营经济很快迎来了第二个快速发展的机遇期。21世纪以来,私营企业的数量持续增长,其在国民经济中所占的比重,以及就业人数都有不同程度增加,见表7-1。

表7-1 经济普查私营企业数量

普查及年份	企业数量/万家	占比/（%）
第一次（2005年）	198.2	61.0
第二次（2009年）	359.6	72.5
第三次（2015年）	560.4	68.3

资料来源：国家统计局网站 http://www.stats.gov.cn/tjsj/zxfb/201412/t20141216_653709.html

毫无疑问,制度变革在促进中国民营经济发展的进程中起到了至关重要的作用,或者说我国的民营经济本身就是制度变革的产物。此外,也应当看到,民营经济的发展,是一个逐步成长和成熟的过程,在这一过程中,政府的制度供给仍然扮演着特定的角色,包括促进产权制度和管理制度的规范化、构建公平统一的市场环境、合理引导产业集聚和发展,等等。特别是在民营企业品牌经济的发展进程中,政府的相关制度与政策同样发挥着不可或缺的作用,从而在一定程度上提升了经济发展的质量与竞争力。

四、制度变迁与品牌经济发展

市场经济作为一种经济运行的制度,在我国直至20世纪90年代初期才逐步确立其主导地位。1992年10月党的第十四次全国代表大会首次提出了"改革的主要任务是建立社会主义市场经济体制"这一说法。因此,市场经济制度在我国的全面推广和运行还不足30年,而在西方国家则有上百年甚至数百年的历史。也正因为如此,品牌经济作为市场经济发展到成熟阶段的必然产物,中外品牌经济实力与竞争力仍然存在着较大的差距,西方国家产品与商品品质的提升,以及相关商业模式的创新和发展,都是市场经济制度不断完善的结果。品牌正是基于长年累月的市场竞争压力而形成的质量改进、产品研发、声誉积累过程的一种综合体现。虽然我们未必还要经过那么漫长的积累过程,但产品品质的持续改进和创新产品的不断研发,却是品牌经济发展无法绕开的必由之路。

社会主义市场经济体制的产业基础是大量拥有自主经营权的厂商和企业,特别是产权明晰、机制灵活、管理高效的企业主体。我国改革开放以来的制度变迁表明,市场主体中最有经济活力的往往是大量民营企业;从品牌经济的发展情况来看,民营企业创建了大量全国乃至世界知名的品牌,如华为、美的、腾讯、阿里巴巴、安踏、李宁等等。民营企业对于市场竞争的压力感受最为深刻,同时也是反应最为迅速和准确的;他们通过不断改进产品和营销模式,尽可能地去适应和迎合市场需求,从而在长期的运营过程中逐渐积累起品牌的知名度、美誉度和忠诚度。因此,在竞争性的产品市场上,如食品、日化用品、电子通信产品等,往往都是民营企业的品牌占据了主要的市场份额。这也是市场经济制度变迁、民营经济发展所带来的一种必然结果。

虽然制度变迁的目标是促使大量拥有自主经营权的企业的形成,但并不是说政府对市场经济和品牌经济就不需要进行管理。纯粹的自由市场经济制度也存在着一定的缺陷,即无所不在的市场失灵问题,此时就需要政府通过公共政策的制定和供给来克服特定的市场失灵。在品牌经济发展的过程中,市场失灵问题主要表现在这样一些方面。一是对品牌资产的侵权行为进行查处,保护相关产权。近年来,品牌作为一种无形资产已经被广泛地接受和认可;然而,在我国由于市场经济制度发展并不完善和成熟,还存在着大量对品牌资产的侵蚀和侵权行为,典型的做法包括假冒、仿冒、盗用、伪造知名品牌或商标,这显然需要政府通过制度建设加以规范和管制。其二是对于企业产权交易过程中品牌资产的确定。在缺乏第三方权威机构认证、市场信息严重不对称的情况下,仍然需要政府对企业品牌资产价值进行客观公正的评估,以此来促进基于品牌资产的企业兼并、收购和重组等。第三是对于自由市场经济条件下极有可能出现的行业垄断趋势和企业勾结行为进行干预甚至处罚,以此来维护公正公平的品牌经济竞争环境。

第二节 促进品牌经济发展的政策与制度

鉴于区域品牌经济具有明显的公共物品属性,在私人供给不足的情况下,就需要由政府来提供。但品牌的创建与推广又属于典型的企业市场行为,在市场经济条件下,政府已经不能也不应该直接介入企业的日常经营行为。此时,政府在推进区域品牌经济发展的过程中,应当通过合理的公共政策与制度,从构建企业品牌发展的外部环境着手,来激励企业发展品牌的意愿、保护企业推广品牌的热情、规范企业扩张品牌的行为。

一、品牌经济发展的激励制度

区域品牌经济的发展与壮大,有助于提升地方经济可持续发展能力以及区域竞争力,同时还能扩大区域知名度、提升区域形象。这些都是当前很多地方政府在推行各项政策措施时所遵循的主导目标,但要达成这些目标,仅仅依靠行政手段显然是不够的,此时就需要发动区域内的企业按照政府的目标模式开展经营和管理。然而,企业作为经济实体,其目标模式与政府作为政治实体的目标模式往往并不一致,因此,地方政府的政策实施机制应当符合经济运行的规律,即按照企业利润最大化目标及成本收益分析范式来制定和推行。目前普遍使用的是经济激励的政策模式,即对品牌建设达到一定成效的企业品牌和商标给予不同程度的奖励。例如,2008年6月,广东省经济贸易委员会发布了《广东省名牌带动战略实施方案》,明确了相应的奖励办法(见表7-2)。

表 7-2　广东省名牌带动战略实施方案　　　　　　　　　　单位：万元

市县名称	国家级名牌	省级名牌	市级及其他名牌
深圳	100		"市长质量奖"300，中国世界名牌300
中山	100	50	"珠海市知名商标"10
珠海	100	50	商务部重点品牌50
东莞	100	30	
广州	8	5	
潮州	50	15	
惠州	40	15	
清远	10	5	
韶关	20	20	
揭阳	30	2.88	"揭阳市知名商标"0.68
佛山顺德	50	20	
江门	驰名100，名牌50	30	"江门市名优产品"10
汕头	50/100（根据上年纳税）	10/20	审批、贷款方面的优先权和便利
佛山南海	100	10	相应奖励
湛江	60	30	农产品获国外认证，10

资料来源：熊曦. 区域产业品牌形成机理及其培育［M］. 北京：经济科学出版社 2015（10）：70.

再如成都出台规定支持品牌农业企业开展技术研发和兼并重组。列入重点扶持的品牌农业企业、获得地理标志认证的县级区域品牌可获得最高100万元的广告补助；对新开设品牌农产品专营店并符合标准要求的，给予企业业主开店费用最高50万元的一次性补助。2012年以来，全市用于农业品牌建设奖励补助资金累计5 132.43万元，引导企业将经营理念向高层次的品牌管理和品牌竞争转变，逐步提升了成都市农产品市场竞争力和综合效益。

除此之外，全国各个地方政府均出台了相类似的政策措施，只是奖励方式与额度各不相同。随后，这些制度的制定和实施取得了显著的效果。从地方到中央，全国各级政府都开始重视区域品牌经济的建设与发展。截至2016年年底，我国商标累计申请2 209.4万件，累计注册1 450.9万件，有效注册1 237.6万件。我国商标注册申请量连续15年位居世界第一。2016年全年商标注册申请量369.1万件，同比增长28.35%。其中国内申请352.68万件，占年度注册申请总量的95.54%。[①] 2017年4月24日，国务院批准了《国家发展改革委关于设立"中国品牌日"的请示》，同意自2017年起，将每年的5月10日设立为中国品牌日。原国家工商总局在2017年5月22日颁布了《关于深入实施商标品牌战略推进中国品牌建设的意见》，其中涉及深化商标注册管理体制改革、加强注册商标行政

---

① 资料来源：原国家工商总局网站 http：//home.saic.gov.cn/sj/tjsj/201704/t20170425_262204.html.

保护、全面构建品牌培育服务体系、统筹推进产业区域品牌建设、大力开拓品牌国际发展空间等五个方面的主要内容。

由此可见，我国政府已经将国内企业的品牌建设与发展提升到国家战略的层面，并且开始通过各种激励措施来推进本土企业的品牌发展，并且取得了一定的成效。

二、品牌经济发展的保障制度

区域品牌经济的发展，离不开诚信有序、管理规范的制度环境。品牌经济的发展，不仅包含了产品和技术的创新，也意味着营销方式和商业模式等方面的创新。如果此类创新能够轻易被模仿，而无须受到任何的管制或惩罚，那么长期下去创新的动力就会逐渐减少直至消失。也就是说，当品牌企业和产品投入大量资金费用培育形成品牌，而假冒伪劣企业采取"搭便车"的行为，在市场上以假乱真、以次充好，将反过来损害正品企业的利益。首先，假冒或仿冒产品损害了正品的品牌形象。假冒品牌往往通过混淆商标、名称、包装甚至销售渠道等方式诱骗希望购买正品的消费者。通常假冒品牌产品的质量是低于正品品牌的，因此假冒伪劣产品的使用体验相比于正品而言是极差的，此时消费者在缺乏辨别能力的情况下往往会迁怒于正品品牌，由此损害了正品的品牌形象。另外，当市场上假冒品牌泛滥时，已经购买正品品牌的消费者会因此而降低正品的使用体验，这也从另一个层面破坏了正品的品牌形象。其次，假冒伪劣产品消解了消费者的品牌忠诚度。品牌忠诚是消费者所形成的对于某一品牌正面的积极的态度和行为，需要厂商在经营过程中投入资产进行培育。研究表明企业的营销活动是培育消费者品牌忠诚的根本，而营销策略中产品或服务的质量是影响消费者忠诚的主导因素。由于被动的原因而购买了假冒伪劣产品并形成了较差消费体验的消费者，一方面有可能对正品的品质产生怀疑；另一方面，即便是能够辨别真伪的消费者，在后续的购买中也会极为谨慎，或者选择市场上没有出现假冒品牌的其他竞争性正品品牌，这无形中降低了原有正品的品牌忠诚度。再次，假冒产品侵蚀了正品的市场份额。假冒伪劣产品利用不正当的竞争手段进入市场，往往与正品厂商形成一种竞争关系。虽然假冒伪劣产品的质量水平无法达到正品的级别，但它们通常具有价格优势，从而能够吸引一部分缺乏辨别能力的消费者。此外，假冒伪劣产品通过模仿、抄袭正品的产品设计、包装、销售方式等，节省了巨大的运营成本，同时与正品厂商共享广告、品牌忠诚、品牌形象等无形资产，是一种典型的"搭便车"行为。这侵蚀了正品品牌的市场基础，对正品而言就是市场份额的损失。最后，假冒伪劣产品提高了正品的运营成本。正品厂商为传播品牌而投入的各项费用，如宣传、渠道、促销等，由于假冒产品的存在而被稀释；而为了打击假冒产品，正品厂商又不得不提高这方面的费用，另外还可能产生法律咨询、信息搜集、法律诉讼等方面的费用，而这些都会成为企业附加的运营成本。

因此，为了保障正品品牌企业的利益，净化品牌发展的制度环境，从法制建设与制度保障的层面来看，近年来全国人大已经通过并颁布了一些相关的法律法规，其中包括《公司法》《知识产权保护法》《商标法》《广告法》等，另外各个地方政府也出台了相关的

《打击生产、销售假冒伪劣产品违法行为条例》,并不断提高打击假冒和保护知识产权的力度。我国政府近年来逐渐意识到打击假冒伪劣产品、规范市场竞争对保障品牌经济的发展具有重要意义,因此不仅在制度建设上日益重视品牌环境的优化,在执行层面也进一步明确了工商、公安、法院、检察院等相关机构在保护知识产权、净化品牌发展环境方面的职责和功能。总体而言,为了促进品牌经济的良性发展,相应制度保障将日趋健全和完善。

三、品牌经济发展与产业规制

品牌经济表现为多个品牌共同发展且公平竞争的态势,但当领导品牌发展到一定规模的时候,特别是形成了事实垄断,那么他们往往会滥用垄断的市场势力,或者人为地减少产量以制造短缺,或者提高产品价格而侵蚀消费者剩余。并且垄断企业会想方设法地利用垄断势力阻止竞争品牌的进入,从而在市场上抵制跟随品牌的竞争与发展,以巩固自己的垄断地位。政府应当致力于维护相对充分竞争的市场,因为这样不仅有利于保持品牌经济的活力,同时也在一定程度上保障了消费者的利益。近年来的一个案例较为完整且充分地说明了政府如何在确保领导品牌的成长与促进竞争之间做出权衡。2004年8月,在美国包括旧金山和洛杉矶在内的多个市政府联合对微软公司提出起诉,控告其滥用在个人电脑操作系统领域的垄断地位,对商品制定不合理的价格。随后欧盟、韩国、日本也相继对微软公司提起反垄断诉讼,并最终对其处以巨额罚款。此前,微软公司在销售其操作软件系统的过程中,使用了捆绑销售、排斥竞争对手软件等方式来扩大自己的软件产品的销售量。该案例中,微软显然属于个人电脑操作系统市场的领导品牌,目前其"视窗"(windows)几乎占据了90%以上的个人电脑操作系统市场份额。这也使得该公司有能力将他们的其他相关软件与这一操作系统捆绑销售,并且通过系统设置来排斥其他公司具有竞争关系的软件。这样的做法不仅限制了消费者选择多样化产品的权利,提高了消费者购买软件产品的支出,同时也阻止了其他企业在开发相关软件方面的努力和收益。

因此,政府在面对促进品牌发展壮大,以及维护市场公平竞争和消费者利益方面,究竟应该在哪一个平衡点上采取措施,成为一个需要进行权衡抉择的问题。地方政府当然希望在本地区或产业集群内出现一个规模较大的企业,其拥有的主要品牌最终能够成长为区域性乃至全国性的领导品牌,但显然仅有一个品牌的成长还不足以形成品牌经济,同时需要有跟随品牌的出现和发展。但问题是有些领导品牌的形成,是需要以牺牲部分市场竞争为代价的(正如上文案例所分析的),那么,如果是这样的话,又会阻碍本地总体品牌经济的发展。如今,市场经济国家普遍的做法是对领导品牌某些明显的违法行为进行查处,例如企业间公开的或秘密的勾结、限价行为,企业利用市场领导地位进行捆绑销售、排除竞争,其他一些不正当的竞争行为,等等。除此之外,政府的管制相对宽松。

然而,处于行业领导地位的企业和品牌,总是存在强化其市场地位的意愿。此时,出于促进产业和品牌经济发展的需要,政府就有必要时刻监测产业演变过程中企业数量的变化,以及那些规模靠前的企业,他们的市场份额如何变化。产业经济学理论中通常使用一些指标来判断行业的集中程度,以此来揭示政府该行业中是否存在着垄断的可能。其中最常用的指标有勒纳指数和赫芬达尔指数。勒纳指数（L）是指价格与边际成本之差占价格的比例,即

$$L = \frac{p - MC}{p}$$

该指数反映了企业所生产的产品其单位利润率的大小,通常竞争产品越少,企业为自己的产品定价越高,利润率或勒纳指数就越大。但在实际中,边际成本很难确定,以及企业产品的销售价格经常发生变动,使得这一指数难以真正地应用。此后,经济学家用赫芬达尔指数来衡量市场的集中度,是将市场上全部 n 个活跃企业的市场份额平方后加总,即

$$I_H = \sum_{i=1}^{m} \alpha_i^2$$

如果用百分数表示,该指数的范围是 0 到10 000,美国反垄断局将该指数小于1 000的市场认定为不集中,而高于1 800则被认为高度集中。① 当然,仅仅使用这些简单的指数还不足以帮助人们观测到市场集中的过程究竟是什么原因引起的,这只是说明了市场集中的一个结果。因为市场的集中度提高有可能是由于总体经济形势不景气而导致行业内中小企业的退出,也有可能是因为大企业在某一时期内扩大了生产规模和产销量,等等。也就是说,并非所有集中进程都是领导企业或品牌滥用市场势力所导致的,政府在监管时,集中度指标只是一个参考数据,仍然需要根据具体情况进行管制。但是,不可否认的是,已经成长为行业中的龙头企业或领导品牌的那些企业,他们有意愿也更倾向于利用现有的市场地位和资源优势来抑制竞争和挤压中小企业的生存空间,这显然是不利于品牌经济的进一步发展。特别是在我国,大型垄断企业不仅在市场上拥有稳固的地位优势,同时在市场之外也具备了强大的资源动员能力和政策倾斜优惠,这都使得中小企业和品牌在与大企业进行竞争时面临着一种不对等的竞争环境。因此,政府在扶持品牌发展的同时,一方面要鼓励优势品牌继续发展壮大,甚至在全球范围内与国际品牌展开竞争；另一方面也要注重维护平等公平的竞争环境,从而保障中小企业和品牌拥有足够的成长空间和发展前景。只有这样,才能真正形成层级分明、竞争有序的品牌经济发展格局。

在除上述政策措施之外,我国各级政府还通过其他方式来促进品牌经济的发展,其中包括充分利用各级各类媒体,以优惠甚至免费的价格为一些成长性良好的民族品牌提供广告资源。例如中央电视台提出的"国家品牌计划",分为公益部分和商业部分,其中公益部分基本上是免费向入选品牌提供广告支持。同样地,目前其他地方电视台也已经或正在积极配合政府开展此类品牌推广工作。另外,地方政府也通过举办各类展会、竞赛、推介会等来推动本地品牌经济的发展。

---

① 保罗·贝拉弗雷姆,马丁·佩泽. 产业组织和市场策略［M］. 陈宏民,胥莉,译. 上海:格致出版社,2015.

四、制度性问题与品牌经济发展

虽然国家和政府对推进品牌经济发展已经制定和采取了各类措施,但也应当看到我国品牌经济相对发达国家而言,仍然存在着较大差距。原因当然是多方面的,但至少在制度建设方面,品牌经济的相关政策制度的制定和推行还存在着如下一些问题。

(1) 政策缺乏延续性。有些地方政府的品牌经济政策在实行了一段时间之后,会因为各种原因而终止,此时对企业的品牌发展行为必然造成相应的负面影响。一个品牌要发展成为全国性乃至世界性的名牌,往往需要长期的销售和营销推广投入。综观世界排名前100位的品牌,除了一些互联网品牌之外,大多有着超过50年以上的历史。虽然说品牌的发展并不能完全依赖政府政策,但我国当前仍处于市场经济的初级阶段,企业品牌实力相对较弱,因此必须需要政府政策的扶持和推动。然而,当前我国政府的行政体制决定了其政策取向存在着浓厚的个人化色彩,即每次政府换届后都会出现政策重点随着新的领导人执政而发生偏好变化的现象。当推动品牌经济发展的政策频繁发生变动时,显然不利于品牌的长期发展。例如,苏南某市在2010年前十分重视品牌经济的发展,不仅通过各类媒体大力宣传其品牌经济发展成效,还设立专项财政资金奖励品牌建设取得成效的企业。而在近几年内,政府换届后便不再强调"品牌经济"的发展理念,转而专注于推动"两化融合",先前对于企业品牌建设的奖励也随之取消。为此,一些成长性较好的企业由于政府对品牌建设缺乏热情和重视,其自身的积极性受到了一定的影响。

(2) 政策缺乏规律性。当前政府在促进区域品牌经济发展方面的政策主要是以激励措施为主,这在一定程度上起到了刺激企业发展品牌的作用;但从长期来看,这种激励作用很难延续,并且作用效果也会逐渐减弱。首先这是因为政府的货币奖励只针对未获得名牌认定的企业有效,而对于已经获得名牌产品认定的企业则不再给予奖励;其次,区域内真正能够获得较高级别的名牌认定的企业数量是有限的,当这些企业均达成目标后,激励政策就很难再产生效应;最后,从市场经济的角度来看,这种政策补贴实际上对其他企业而言是一种不公平的竞争策略。因此,可以说地方财政奖励制度不符合经济发展、品牌发展的规律。真正符合市场经济和品牌经济发展规律的政策措施应当是建立在企业运营机制基础上的、公平透明的,例如面向所有企业的商标注册便利性、品牌宣传推广补贴、公共品牌运营服务中心等。

(3) 品牌保护力度不足。尽管我国各级政府已经制定并颁布了各类法律法规来规范和净化品牌发展的环境,但取得的实际成效仍然不足。迄今为止,我国仍然是世界上假冒伪劣商品泛滥最为严重的国家。2016年5月国际打假联盟(IACC)将刚刚加入一个月的中国最大的电商平台"阿里巴巴"的会员资格予以撤销,这一方面说明了我国假冒伪劣产品仍然大行其道,品牌假冒行为已经侵害了世界知名品牌的权益;另一方面也表明我国的品牌打假行动并未得到国际社会的认可,品牌打假与规范市场的工作依然任重而道远。2016年OECD(经济合作与发展组织)发布的报告《仿冒品和假货贸易:经济影响图解》指出，假货市场2013年的总规模已经达到了4 610亿美元，而中国生产了占全球63%的假冒品，排名世界第一。根据博弈论的分析可以发现，当前的打假制度是建立在政府主导的基础上的，而这一模式最大的缺陷是行动主体的激励不足；因为在制假售假的博弈过程中，政府并非最大的受损方，因而其采取主动打假行为的动机与努力程度有限。在制度建设方面，如果政府能赋予正品企业以更多的打假自主权，并对假冒企业的惩处力度进一步加大的话，打假的成效将更加明显。

　　总体而言，改革开放以来我国开始逐步放开对民营经济的限制，直至最后肯定并确立民营经济的市场地位，这本身就已经促进了民间发展区域品牌经济的热情和活力。从全国各地蓬勃兴起的产业集群与区域品牌经济来看，其主导企业和品牌基本上都是民营企业或私营企业。但在几十年来品牌经济发展的进程中，显然出现了很多的波折，包括假冒伪劣商品泛滥、品牌创新不足、国际竞争力偏弱等等。由于我国是市场经济的后发国家，企业在市场竞争中与欧美国家的国际性企业相比必然存在着诸多弱势与短板，因此在现阶段仍然有必要依靠专门的制度设计来保障品牌经济发展与提升。即便是这方面的制度建设已经开展了相当长的一段时间，但仍然需要继续改进和完善。

第八章 区域品牌经济的提升与品牌国际化

第一节 品牌国际化的基本内涵

一、经济全球化

全球化（globalization）一词最早可以追溯到 1943 年温德尔·威尔基（Wendell Willkie）所著的《一个世界：全球化的伦理》一书。此后，到了 1985 年，美国学者西奥多·莱维特（Theodore Levitt）在《市场全球化》一文中首次系统地提出了"经济全球化"的概念，并将其定义为"此前 20 年间商品、服务、资本和技术在世界性生产、消费和投资领域中的扩散"。自 20 世纪 90 年代以来，"全球化"便成为一个被广泛使用的词汇，并且开始扩展到社会生活的各个领域，诸如"工业全球化""政治全球化""文化全球化""科技全球化""信息全球化"等相关名词也应运而生。经济与合作发展组织（OECD）认为经济全球化是"一种变化的过程，即经济市场、技术与通信形式都越来越具有'全球性'的特征，民族性或地方性相应减少的过程"。国际货币基金组织（IMF）则指出："经济全球化是指跨国商品与服务贸易及国际资本流动规模和形式的增加，以及技术的广泛迅速传播使世界各国经济的相互依赖性增强。"[1]

纵观第二次世界大战之后世界经济的运行，由科技推动的现代工业化过程在西方国家迅速扩散，基于比较优势和资源禀赋的国际贸易往来日益频繁。特别是到了冷战结束之后，东西方之间在意识形态和政治制度方面的对抗逐渐减弱直至消弥，取而代之的是经济的合作与竞争开始全面展开。在这一进程中，大量跨国公司的出现和扩张起到了推波助澜的作用。实力强大的跨国企业得益于相对和平的时代背景，从降低成本和扩张市场的战略角度考虑，逐步构建起了超越国家的全球价值链体系。于是，资本、货物、信息，甚至人力资源等关键生产要素开始在全世界范围内流动，由此产生的利益和报酬也在不同的国家和居民之间重新进行分配。自然而然地，利益分配必然涉及公平与公正的问题。正因如此，与经济全球化相伴随的"反全球化"运动也此起彼伏，引起了人们的关注和反思。

毫无疑问，类似于近百年来的工业化进程，近年来的经济全球化同样是发端于西方工

---

[1] 张平淡. 品牌管理 [M]. 北京：中国人民大学出版社，2012.

业化国家，并围绕着他们而展开。西方国家借助于跨国企业在进行商品、科技、管理等要素输出的同时，也推进了文化、价值观、生活方式的扩散。一方面，经济全球化的推进并没有改变发达国家和发展中国家的"中心－外围"关系，虽然在客观上的确促进了发展中国家的经济发展，但却以更为隐蔽的柔性的方式在剥夺发展中国家人民所创造的价值。也就是说全球化造成了新的社会分配不公、国家间经济发展失衡等问题。[①] 另一方面，西方国家文化价值观的殖民式扩张，挤压了世界其他国家民族多样性和文化地方性的生存空间，这也导致了发展中国家民众反对全球化的呼声日益高涨。

由西方发达国家主导，经过数百年演进而形成的经济发展格局以及全球化进程，在短时间内不太可能出现根本性的改变。因此，发展中国家只有通过积极融入经济全球化进程，发挥自身的比较优势，并且在合理嵌入全球价值链分工体系的同时，设法完成自身的技术进步和产业升级。同时，标志着现代产业运营综合能力的产品品牌也有可能在这一过程中得到成长和升级。因此，可以说经济全球化趋势既是区域品牌国际化的现实背景，同时也是提升品牌竞争力的良好契机；发展中国家的企业在利用比较优势的同时，必须充分学习和借鉴发达国家企业的品牌运营经验，甚至继续创新品牌发展方法，才有可能在全世界范围内与已经比较成熟和强大的国际品牌展开正面的竞争。

二、品牌国际化

商品品牌的国际化这一问题是在我国加入 WTO 之后，产品出口逐渐扩大并深入参与国际竞争的过程中逐渐意识到的。在经济全球化的演进历程中，发达国家的跨国公司利用技术、管理、文化等方面的优势，牢牢占据着商业价值链的最顶端，并以此攫取商业运营的大部分利益；而大量发展中国家仅仅只能依靠低端的简单劳动来获得少量的收益。因此，越来越多的人开始认识到综合了产品、研发、营销、文化等诸要素的品牌在企业经营中的重要性，很多发展中国家的企业已经不再满足于为发达国家的企业和品牌提供贴牌生产和代加工业务，而是尝试建立自己的品牌；特别是当企业在国内市场获得了一定的成功，甚至是成长为国内市场占有率名列前茅的品牌后，就会考虑开拓更为广阔的国际市场，品牌国际化的战略与理念随之产生。

（一）基本概念

对于品牌国际化（brand globalization）的概念，国内外学者分别从不同的层面进行了界定。国外学者 Jreyl 和 Fernando 从国际上有影响的 20 种经济管理和营销期刊搜索到的 1975—2005 年间关于品牌国际化的 40 篇相关文献，将其分为广义和狭义两种类型，即前者认为是"企业国际化过程中的品牌名称决策"，后者则是企业"在海外向目标顾客展示积极形象并建立企业品牌资产的发展过程"。随后，两人在此基础上又提出了自己对品牌国际化的定义，认为品牌国际化是指企业在进行跨国品牌运作时面临的国际营销挑战，具

[①] 徐坚. 逆全球化风潮与全球化的转型发展 [J]. 国际问题研究 2017（3）：1-15.

体涉及品牌名称、品牌视觉（如品牌标识、颜色）、声音要素（如广告语、广告曲）、品牌个性等。日本学者大石芳裕的定义则对发展中国家比较具有借鉴意义，他认为品牌国际化就是企业品牌打入国际主流市场（主要是欧、美、日三大主要市场）并被接受的过程[①]。

由于我国当前仍然处在市场经济体制完善的过程中，商业运营的经验和理论仍然处于积累阶段，因此有关品牌国际化的认知并不十分统一。一种看法指出品牌国际化也称为品牌的国际化经营，是指将同一品牌以相同的名称（标志）、相同的包装、相同的广告策划等向不同的国家、不同的区域进行延伸扩张的一种品牌经营策略。也有从国内品牌的全球化角度出发的研究，认为品牌国际化是指在全球市场上兼顾东西方文化的差异，实现东西文化价值及元素的融合，从而建立中国品牌的全球定位，等等。

从现有文献来看，品牌国际化之所以成为一个值得研究的课题，主要原因在于世界经济发展的不平衡，导致了企业竞争实力的差异，并且弱势企业开始向强势企业发起挑战；以及附属在有形商品或服务上的品牌附加值，无法在不同文化背景下简单地复制和传播。成长性良好的企业在面对经济全球化的趋势时，必然会选择跨越国界以扩大市场范围；而品牌作为一个综合性的、最明显的竞争武器，当然需要在不同的市场背景下做出调整，从而在该市场中发挥最大的作用。因此，可以说这就是品牌国际化的本质所在。

(二) 标准与度量

当前的世界经济中，企业的跨国经营日趋成为常态。但产品在不同国家之间的销售，并不能全都称为品牌国际化。从传播和认知的角度来看，品牌首先包含了一组名称、标识、色彩、图形、符号，甚至声音等；简单来看，这些传播要素是否已经扩散到和产品相应的不同国家的市场中，并被当地的消费者恰当地认知，就足以成为衡量品牌国际化的一个基本的指标。此外，再加上产品在不同国家的销售量、销售额、市场占有率，以及产品销售国家的个数等指标，用以综合评价品牌国际化程度。当然，也有研究认为需要通过品牌在不同国家的知名度与美誉度、品牌评估的价值、企业经营国际化的比重、品牌经营国际化的时间、品牌国际化的区域范围、品牌国际化的输出方式等来判断品牌国际化的水准。

在行业实践方面，目前已经形成了一套较为完善的品牌国际化评估标准，即 IBS10000（IBS 即 International Brand Standardization）体系。该体系经过对全球数百个著名品牌进行多年持续地系统研究和分析，运用系统工程理论、运筹学、辩证法、计算机技术等科学技术与手段总结和编制的品牌规范化、标准化的工作流程。其包含了品牌方面的多个重要参数，如质量、产品、商标、营销、广告、形象、包装、管理、文化、制度、整合传播和信用等，同时以波特为计量单位，并设定品牌指数10 000波特为标准评分。通过该体系的评估，能够直接显示企业品牌的国际化地位，并反映其产品质量的可靠性等。此外，在商业

---

① 韩中和. 品牌国际化研究述评 [J]. 外国经济与管理, 2008 (12): 32-33.

研究领域，一些机构和媒体出于树立权威专业性的需要，也会采用不同的方法来评估品牌的国际化水平。例如世界品牌实验室每年会发布全球品牌500强的榜单，美国《商业周刊》杂志则会公布年度"全球100个最有价值品牌"，参考的主要依据包括品牌价值超过10亿美元、产品销售额1/3以上来自海外，有可公开的营销和财务数据，等等。这些评估结果也可以作为衡量品牌国际化的参考标准。

三、品牌国际化的运营策略

当今世界各国的经济贸易往来日益频繁，企业及其产品的跨国经营与销售也变得十分普遍。但就品牌国际化的根本内涵来看，并非产品在不同国别市场上的销售就是品牌国际化，而是同时需要具备一定的品牌认知。当然，这样的品牌发展态势也不是一蹴而就的，而通常会有一个循序渐进的过程。根据品牌在不同国家市场的涉入情况，可以将品牌国际化划分为不同程度（见表8-1）。

表8-1 品牌国际化程度与描述

程度	策略	情形	品牌扩展情况
初级	零散出口	产品偶尔地、零散地出口到其他国家	没有主动扩展
初级	稳定出口	产品开始持续稳定地出口至某些国家	较少主动扩展
初级	国外建厂	开始在目标国家市场建立生产工厂	具有初步品牌扩展
中级	品牌授权	授权别国企业使用自有品牌	品牌已经扩展至境外
中级	品牌并购	在海外并购较为成熟品牌	具有较强品牌扩展
高级	跨国经营	在海外设立地区总部进行品牌传播	极为深入的品牌扩展

对于发展中国家的企业来说，由于产品通常具有一定的成本优势，所以当企业在国内市场上已经形成一定的知名度后，其产品就有可能收到来自其他国家客户的订单。但此时产品的出口只是偶然的、零散的，且企业自身并没有真正开始在目标国市场上进行主动的、有意识的品牌传播。即便是当产品已经获得其他国家客户的稳定订单，如果生产企业并不是依靠产品的不断创新和持续的品牌宣传来维持这样的出口状态，同样不能认为该企业正在开展品牌的国际化运营。

只有当企业认识到国外市场的成长性较强，通过简单的出口无法获取市场的全部收益，因此需要在目标国设立工厂或生产基地，从而降低成本、扩大利润时，才能认为企业真正具备了产品和品牌海外扩展的意识。然而，企业也可能并不在海外设厂，而是通过强大的品牌影响力，直接将品牌使用权以有偿方式转让给其他国家的经销商或代理商，从而实现跨国销售。这种策略的前提条件是该品牌已经在目标国家市场进行过大量的传播，并被一定数量的消费者所接受和认可；否则品牌授权很难取得预期的销售业绩。最后，真正的全面的品牌国际化应当是指企业不仅在多个国家生产和销售其产品，并同时在目标国家设立地区总部，负责品牌在该区域范围内全面而深入的传播和推广。当前，很多大型的跨国公司和品牌，例如宝洁、雀巢、奔驰、华为等等，正是采取这样一种策略来推进品牌国际化的。

第二节 品牌国际化的影响因素

一、对外直接投资与品牌国际化

随着全球化趋势的加剧，越来越多的企业开始在不同国家间设立地区总部和生产基地，并且货物和服务贸易往来也日益频繁。尽管仍然存在着贸易保护主义的思潮和做法，但贸易自由和互惠终究是大势所趋。全球贸易联系紧密以及稳定的增长，既是品牌国际化的结果，同时也进一步推动了强势品牌在不同国家间的传播与销售。特别是近年来对外直接投资（FDI）在全球范围内的扩张，加速了国际化品牌在世界各国扩散的步伐。早在1960年斯蒂芬·海默（Stephen H. Hymer）就开创了FDI理论，认为跨国公司通常具有特定的垄断优势，其主要来源于两方面：一是包括生产技术、管理技能、营销能力等所有无形资产在内的知识资产优势；二是庞大的公司规模而带来的规模经济优势。因此，相比于产品出口容易受到关税、汇率波动和运输成本的限制，以及品牌授权容易遭到不完善市场的滥用等问题，跨国公司更愿意选择对外直接投资。此后，哈佛大学商学院教授雷蒙德·弗农（Raymond Vernon）于1966年提出了国际品牌扩张的产品生命周期理论。该理论从市场需求和消费的角度解释了跨国公司的产品出口、对外投资和品牌国际化进程。他认为由于世界各国在科技进步及经济发展水平等方面的差异，同一种产品在不同国家从开发生产，到销售、消费上存在着时间方面的先后次序，这就形成了国际产品生命周期。一般来讲，高科技、强品牌的创新产品首先在科技水平较高、市场体系较为成熟的发达工业化国家开发、生产和销售。随着市场需求的增加，产品生产也开始扩展到其他发达的工业化国家，例如从美国扩展到英国、日本等。当产品逐步完善并且标准化之后，企业就开始关注如何降低生产成本，此时就会考虑在产品出口和对外投资建厂之间进行权衡选择，基本的标准是产品出口的边际生产成本加上运输成本与目标国的平均生产成本之比值，如果该值大于1，则选择对外直接投资。这就是近年来许多跨国公司在中国等发展中国家投资成立生产基地和地区总部的理论依据。然而，当前很多发展中国家呈现出消费升级的趋势，再加上互联网的兴起促进了信息在全球范围内的及时传播，很多创新产品已经开始在发达国家和发展中国家同步上市并销售；国际产品生命周期理论因此受到了一定挑战。所以，也有一些学者提出了跨国直接投资的折衷理论和比较优势理论等，这也对品牌国际化过程的解释做出了补充和完善。

综上所述，品牌国际化的高级阶段应当是产品在海外生产、销售并且设立营销部门进行深入的品牌传播和推广活动，产品的直接出口只是其初级形态。从当前的跨国企业经营和品牌活动来看，发达国家的企业和品牌往往会选择前者，而大多数发展中国家则主要还是采用产品出口的方式，这也从一个侧面反映了发展中国家品牌建设与推广的经验、能力与成效不足。进一步地，发展中国家的强势企业应当将在海外设立生产和销售部门，并开展全面的品牌营销活动作为品牌国际化的主要方式和途径。

当前我国的一些区域性、地方性企业在某些单一产品的生产与销售方面已经做到全国乃至全球第一，但在品牌影响力上则微乎其微，这与长期以来企业只注重加大生产和管理技术的投入，而极端忽视品牌建设不无关系。为此，这些企业应当将对外直接投资作为一种契机，在国外市场开展以品牌建设与传播为核心的业务，从而扩大品牌影响力和产品竞争力，实现更高的利润率和持续的企业发展。

二、国外市场营销环境

当一国企业将市场范围扩大到其他国家时，首先面临的就是极为不同的市场环境，这种环境的差异在很大程度上影响着产品和品牌的营销与推广。其中，比较主要的因素包括法律法规、文化差异、社会结构（市场容量、消费水平、文化习俗……）等。

（1）法律法规。当今世界上的法律体系可以分为大陆法系、英美法系和伊斯兰法系，不同法系框架下的法律条文对世俗行为的约束与管理各不相同。例如，伊斯兰法系对人们的日常饮食、着装、出行、娱乐等行为都有着极为严格的禁忌规定，这对企业的产品销售与品牌推广造成了不同于其他法律体系下的影响。总体来看，法律法规是一种较为刚性的约束条件，它严格且严肃地规范了企业的跨国品牌推广行为，明确了企业的行为边界。因此，企业在进行跨国品牌传播时，首先必须深入了解当地的法律法规，以避免因违法而产生不必要的损失。

（2）文化差异。企业在推进品牌国际化战略时，另一个无法避开且影响重大的挑战就是文化差异。文化的差异不仅存在于国家与国家、社会与社会之间，同样也存在于企业与企业之间。当企业要将自有品牌推广到一个新的市场环境中去，就要考虑来源于母国文化环境下的品牌文化是否会被不同文化背景的消费者所认知和接受。另外，企业如果意图通过公司兼并或品牌并购打入他国市场，那么还应当注意的是不同企业文化之间的差异与融合问题。郭睿认为文化差异是我国企业在国际营销中普遍遇到的一个问题，它主要表现在价值观、语言沟通、风俗习惯以及宗教信仰等方面的差异。针对跨国营销和品牌传播，企业可以采用母国文化策略、文化适应策略和融合创新策略。随着全球化的推进和互联网的飞速发展，世界各国之间的文化融合也日益加深，强势文化在世界范围内的扩散和渗透不可阻挡。作为文化输出的一部分，商业文化利用商品在不同国家中的销售潜移默化地影响着当地的传统文化。一个开放的、多元的社会，并不会顽固地排斥外来文化，只不过，一种文化是否足够先进、独特、有趣，是决定其被接受程度的基本因素。因此，品牌文化在跨国传播过程中，固然要进行一定的适应性调整，但其自身如果具备足够鲜明的文化特色，也有可能在不同的文化背景下得到认可和接受。

(3) 社会结构。首先，产业竞争程度。不同国家的产业竞争水平千差万别，一般来讲，成熟市场的竞争程度较为激烈，新兴市场的竞争程度相对较弱。在成熟市场中开展品牌推广，将有可能面临在位企业和品牌的竞争反击和报复；然而，如果在这样的市场中树立品牌，那么再向其他市场推广就会变得更加容易。而在新兴市场上，则会拥有较多的品牌成长机会和空间，对于一些竞争实力并不十分强大的企业而言，首先在新兴市场建立品牌，然后再扩展到其他市场是一个更加可行的战略选择。

其次，社会结构还包括了整个社会的收入水平、社会阶层、人口结构、宗教结构等，这些都是影响企业在不同市场上开展产品销售和品牌推广的相关因素。针对不同的品牌定位，企业应当选择合适的市场出售其产品。一般来讲，总体收入水平较高的国家和市场，适合高端品牌的推广和销售；收入水平较低的国家，则适宜于一些基础品牌的扩张。另外，不同国家社会贫富差距的大小、人群的阶层情况、人口的年龄比例、性别比例等因素，都会对品牌在当地的传播与推广产生不同程度的影响。

当然，除了上述一些制度、人文、社会等方面的差异之外，不同国家之间还可能存在着地理、气候、资源条件等方面的区别。这些因素也会在一定程度上影响品牌在该市场中的传播和推广，只是后者对品牌国际化的影响程度并没有前者那么大。

三、标准化与本土化

企业在推进营销和品牌国际化战略之际，通常会遇到的一个问题是营销方案或产品设计的标准化与本土化的权衡。一方面，世界各国无论是在人文社会，还是自然环境层面都存在着明显的差异；另一方面，随着全球化趋势的发展，世界各国文化的融合也在不断推进。特别是在现代商业领域，越来越多的现代化工业消费品被世界上不同国家、不同民族的消费者所广泛接受。为此，一个品牌及其相关产品，究竟是采用差异化的推广方案和产品设计，还是坚持原有的品牌特色及产品标准，是很多企业在进行跨国营销时所必须做出的选择。

一般来讲，标准化与本土化的选择首先会因为产品类别的不同而有所差别。通常来讲，科技含量越高的工业消费品，如数码产品、家用汽车、中央空调等，其全球标准化程度越高；而科技含量较低，但消费习惯和文化特性较强的产品（如食品、服装、家具等），其本土化程度更高（见图8-1）。品牌专家凯勒认为，如果品牌拥有"①共同的客户需求；②全球客户和渠道；③有利的贸易政策和共同规定；④兼容的技术标准；⑤可转移的营销技术"等优势，并且满足"①基本的定位和品牌因素可以应用到全球；②技术在当地作一些改变后，可以应用到全球；③能够在当地实施"等条件，就可以采用标准化的策略实施品牌国际化。[①]

标准化与本土化的选择也会因为母国文化的全球影响力不同而产生不同的结果。当一

---

① 凯文·莱恩·凯勒. 战略品牌管理 [M]. 李乃和，李凌，沈维，等，译. 北京：中国人民大学出版社，2003.

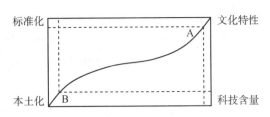

图 8-1 产品标准化与本土化的影响因素

A 点代表的是科技含量较高,标准化程度也高的产品,如笔记本电脑;
B 点则代表文化属性较高,差异化/本土化程度较高的产品,如服饰

国的文化能够在世界范围内广泛传播并产生影响的时候,基于此类文化而开发出来的产品就可以在很大程度上忽略差异化的影响,从而在全球采用一致的、标准的产品设计和品牌形象。如今,随着中国与世界各国经济往来日益频繁,以儒家文化为核心的中国传统文化通过经贸交往、文化交流等方式在世界各地传播,正越来越受到世界各国人民的认知和接受。在这样的背景下,我国企业和品牌完全可以借助自身文化的特色来推进品牌的国际化。

当然,品牌的标准化与国际化还受到其他很多因素的影响,例如目标市场的竞争情况、细分程度、资源约束等(见表 8-2)。其中,东道国的市场中同类品牌越多,竞争越是激烈,就越需要进行本土化的调整;而产品的耐用程度和技术含量越高,则需要本土化的程度则越低。此外,有些研究表明,在品牌国际化的推进过程中,品牌需要调整的方面和要素其重要性和迫切程度也各不相同(见表 8-3)[1]。

表 8-2 品牌本土化的影响因素和相互关系

具体影响因素	本土化程度的影响关系
市场同质化程度	负相关
东道国市场竞争激烈程度	正相关
东道国的市场细分程度	正相关
产品属于耐用品的程度	负相关
产品的技术含量	负相关
东道国的市场发展成熟度	正相关

---

[1] 陆卫平. 国际营销标准化与本土化研究的发展脉络及最新进展 [J]. 经济经纬, 2008 (2): 134.

表 8-3 品牌本土化调整的重要性排序

品牌相关要素	调整重要性
广告策略	57%
公共关系与赞助	49%
品牌广告主题词	33%
品牌定位	31.3%
产品特性	27.5%
品牌名称	27%
品牌标志	11.5%

四、品牌国际化的风险与收益

在经济全球化发展的今天，尽管国家之间的经贸往来日益密切，跨文化的交流与融合也更加频繁，但不可否认的是，国家之间的矛盾和冲突仍然存在。根植于意识形态、价值观、制度等方面的差异性，决定了国与国之间在经济来往过程中必然会形成不同的利益诉求。也正因为如此，企业在开展品牌国际化和跨国营销的时候，随时面临着或大或小的风险。首先，从政策法律层面来看，西方国家出于国家安全的考虑，对于一些敏感性行业和产品会进行严格的准入制度，例如能源、航空、军工、信息、通信等。因此当品牌要扩展到其他国家的此类行业，难度和风险极大。另外，西方国家通常有着极为严格的反垄断政策和法律，一旦兼并或并购有可能形成垄断，那么被该国政府否决的可能性极大。其次，在品牌跨国传播时，由于对当地文化理解不足，有可能形成错误的传播策略。近年来，一些国际性的大品牌或企业，如可口可乐、耐克、宝洁等，由于缺乏对中国传统文化和民族价值观的深刻理解，都曾不同程度地出现过品牌传播方面的失误。此外，在品牌并购或企业兼并的案例中，由于不同的品牌文化或企业文化无法兼容，导致并购后的管理变得异常困难，并最终走向失败，这样的风险同样也存在。再次，则是市场需求的迅速变化对品牌扩张造成了动态的不可控的风险。如今的科学技术日新月异，运用各种科技研发出来的新产品层出不穷，产品的更新换代每天都在发生。著名的摩尔定律（Moore's Law）认为，电脑芯片的性能每 18~24 个月就会提高一倍。过去半个世纪内，电脑性能的不断提升和升级换代，证明了此类产品的需求变化。在日用消费品领域，时尚元素和流行趋势捉摸不定、瞬息万变，同样有可能导致反应速度跟不上需求变化的跨国企业或品牌最终退出市场，如柯达、诺基亚等。最后，国与国之间的贸易摩擦和冲突，也可能对品牌国际化造成巨大冲击。在国际贸易出现的近百年来，贸易自由化的主张和贸易保护主义思潮始终交织缠绕，时至今日仍然无法判断哪一种趋势真正占据了绝对优势。尤其是近年来，在第二次世界大战后逐步建立起来的国际自由贸易体系正面临着前所未有的挑战。一些发达国家出于自身利益的考虑，针对发展中国家出口的工业品征收高额惩罚性关税，试图延缓发展中国家的工业化进程。这就导致了发展中国家的企业和品牌进入发达国家市场变得更加困难重重。

尽管品牌国际化面临着各种不确定的风险,但从长期来看,这仍然是发展中国家企业和品牌发展壮大的必由之路。这是因为品牌国际化后所带来的竞争优势也是显而易见的。①品牌国际化可以扩大产品的市场覆盖范围,占据更多的市场份额。当国内市场逐渐趋于饱和后,产品向国外市场的扩张可以保障产品销售的继续增长和企业的进一步发展壮大。②品牌国际化可以帮助企业获得稳定的利润构成。类似于投资决策中的分散化投资原则,品牌国际化与跨国营销就是将产品的营销风险分散至各个不同的国家。同样的产品在不同的国家销售,当一国市场环境发生变化而导致产品销售不畅时,其他国家未必会受到同样的影响。因此,当一国的销售利润减少时,其他国家销售利润的增加将有可能弥补这一利润的缺口,从而保证总利润的稳定和增长。③是规模效应。当品牌与产品扩张到不同国家的时候,不同市场可以共享信息、渠道、人才等生产要素,从而反向降低这些要素的单位成本。同时,由于规模扩大,企业有可能在采购、资本、政策等方面具有更强的谈判能力,从而获取更有利于自身的各类资源。④更加长久的品牌生命周期。由于市场需求的变化,在一国中处于产品生命周期衰退阶段的产品,在另一国有可能仍然处于成熟阶段甚至成长阶段,产品在新兴市场中销售客观上延长了其总体的生命周期。⑤对国内市场的反哺。企业的跨国营销和品牌传播,能够反过来巩固其在国内的市场地位。这不仅表现在利润、营销经验、资本运营等方面,更体现在品牌影响力上。当本国消费者在不同国家的市场上都接触到某一品牌时,无疑会增强他们对该品牌的信心和购买决策。当然,企业还可以通过跨国营销和品牌国际化,积累在不同国家不同市场营销经验,并将某些成功的经验和做法推广到其他国家和市场;同时,也能增进内部员工对自身品牌的信心,等等。总之,品牌国际化有很多明显的和潜在的益处。

五、地方性品牌国际化的制约因素与前景

推行品牌国际化战略并非对于所有企业都是必需的,通常需要企业具备较高的国内市场占有率、较强的品牌运营水准和一定的资本运作能力等。得益于劳动力成本的优势,以及国内规模庞大的市场,我国很多地方性企业如今已经成长为生产规模排名世界前列的超大型生产基地。目前,中国是全世界最大的服装出口国、最大的玩具出口国、最大的电子产品出口国,全世界最大的服装生产基地、玩具生产基地和数码生产基地几乎都在中国。然而,全世界最强大的服装品牌、玩具品牌和数码品牌,均属于其他国家。除此之外,在其他消费品领域,如食品、饮料、文具等很多产品和行业中,同样存在着类似的情形。由此可见,我国很多地方性企业的生产能力和生产水平已经跻身世界一流,但在品牌运营方面和国际性的一流品牌相比,仍然有着巨大的差距。通过深入分析可以发现,这些差距主要来源于和表现在以下几方面。

(1) 品牌运营观念落后。国内的企业由于长期处于全球价值链分工的末端,主要从事生产加工,企业经营围绕着生产管理而展开,很多企业缺乏品牌运营的理念。即便是已经

在国内市场上运营比较成功的企业和品牌,有相当一部分也仍然满足于内需市场的经营,对国际市场既缺少兴趣,也没有勇气去进行开拓。甚至有专家就认为,当今世界的品牌格局已经基本定型,后进国家想要挤占新的品牌空间非常困难,因此品牌国际化对中国绝大多数企业来说,目前乃至今后相当长一段时间内还缺乏必要性和紧迫性[①]。这无疑代表了学术界和实业界对品牌国际化的一种比较典型的观念和看法。

(2) 品牌文化软实力不足。品牌要在世界范围内广泛而长期地传播,必须要有来自国家和民族文化底蕴的融入和支撑。当今很多国际化的工业品品牌之所以都来自于西方国家,这和现代工业文明发端于这些国家不无关系。我国的企业如果简单地跟随西方国家企业的脚步,要全面超越西方工业文明并构建新的世界品牌格局显然是不可能的,因此我国的企业和品牌应当依托灿烂而深厚的民族文化,并结合工业产品的创新和研发来推进品牌建设和国际化。但在这方面,国内企业或者是不具备文化自信,或者是未能很好地将民族文化与企业品牌很好地结合起来。另外,国家文化软实力不强,也是制约企业品牌国际化的根本因素之一。在国外的一些主流媒体和消费者认知中,"中国制造"或中国概念仍然停留在低质量、低价格的低端产品形象上,无法为企业和品牌提供国家层面的价值支撑。因此,作为国家层面的战略而言,从中央到地方各级政府也应当有意识地推进品牌战略和文化战略,就如同日本和韩国工业发展初期所做的那样。

(3) 国际化品牌运营人才缺乏。我国很多地方性的企业和品牌所处的产业集群往往都位于中心城市以外的区域。在当前的经济环境中,除土地以外的各类生产要素都在向城市集中,这就导致了地方性的企业很难吸引到高素质的国际化营销和品牌策划人才。贺华丽和刘斯敖的研究认为,当前地方性产业集群中的外向型民营企业在品牌国际化进程中,国际化营销人才紧缺导致了企业国际化营销能力不足,进而制约了企业的品牌国际化战略。另外,此类企业也很少愿意将运营总部迁往中心城市,甚至是国际化城市。一方面是由于中心城市商务成本日益增长,另一方面则是企业自身的文化、制度、管理模式等因素制约了这样的做法。因此,种种因素的综合作用共同阻碍了人才的引进,从而制约了我国地方性企业和品牌的国际化进程。

(4) 品牌国际化产品基础不牢固。当前一些地方性的企业之所以能够占据主要的国内甚至全球市场份额,根本的原因仍然是成本低廉而形成的价格优势。然而,这样的竞争优势是脆弱且不可持久的。近年来,东南亚国家在全球价值链分工体系中的崛起,已经充分说明了这一点。品牌真正的竞争力应当来源于产品的不断创新和品质的提升,但很显然我国的领导性企业和品牌在这方面与世界强势品牌相比还有很大的差距。长期以来,中国企业往往"重市场、轻研发",更多的是处于技术追随者的位置,较少有引领世界先进技术的大众消费品被创新和发明出来。长期的低成本代工 (OEM) 产品的大量出口,已经在国外消费者认知中形成了质次价廉的形象。

---

① 刘志彪. 全球化背景下中国制造业升级的路径与品牌战略 [J]. 财经问题研究,2005 (5): 29.

第三节 品牌国际化的案例分析

自从2002年中国成功加入世界贸易组织（WTO）之后，我国的企业就开始把开拓市场的目光投向了更为广阔的海外市场。中国对外贸易的出口额在此后的十多年中几乎每年都以两位数以上的速率增长。更多的企业和品牌得益于经济的高速增长，不仅积累了大量的资本，扩大了生产规模和市场范围，更是增强了进军海外市场的信心和勇气。然而，尽管这些年中国企业的跨国并购屡见不鲜，但真正将品牌推广到全球主要市场——西方国家市场的企业却并不多见。其中的原因通过以下典型案例的分析或许可以窥得一斑。

【案例】

在中国加入WTO之初，为了增强中国企业的竞争力，中国政府放宽了企业进入海外的相关法律法规，制定了"走出去"的政策，鼓励国内企业积极地进入国外市场发展业务。2002年9月，TCL国际持股公司并购了位于德国Duekheim的有着113年历史的电器制造商施耐德公司。这次收购包括了施耐德的厂房、连锁店在内的销售网络、大型超市、电子商务和一系列商标使用权。TCL想通过这次并购，用施耐德公司的品牌使TCL在世界范围内获得销售网络，并通过这种并购行为把自己的品牌打入欧洲市场。2003年11月，TCL又与法国汤姆逊电子公司共同出资成立合资公司TCL-Thomson Electronics（TTE），TCL期待将自身的成本优势和汤姆逊公司在欧洲及北美的品牌影响力、销售能力和技术开发能力有效地结合起来；同时，从长远来看，TCL希望逐渐摆脱成本优势，从而在全世界范围内打造一个国际化的品牌。但这两次并购并未完全达到最初的目的。该并购签订之后，由于并不认同新成立公司的文化价值观，法国公司的很多高管随即宣布辞职或离职，这给新公司的运营带来了极大的困难。另外，新的合资公司在内部沟通方面也出现很多障碍，其中有些是由于语言习惯的差异导致的，还有些则是东西方企业财务制度的差别而造成的。当然，除此之外，还有其他很多的问题。总之，合资后的企业并没有预想的那样顺利，离最初设定的目标仍然有很长的距离。

资料来源：魏涛．中国企业海外并购热潮下的"冷"思考：基于TCL集团并购法国汤姆逊公司彩电业务的分析 [J]．金融经济，2017（18）：8-10．

（1）从案例中可以发现，中国企业在具备了一定的实力之后，就产生了明显的品牌国际化冲动和意愿，应当说这是企业品牌战略发展到一定阶段的必然产物。类似的例子还有很多，如联想、双汇、万达，等等。同时可以看到，这些企业大多都是在国内市场具备了较强的运营能力和品牌竞争力，并且积累了足够的资本之后（在1998年至2003年这数年间，TCL的电子电器和数码产品在国内市场上取得了巨大的成功，仅2003年其销售收入就达到了319亿人民币，因而积蓄了大量的资金），希望通过海外并购的方式来实现品牌的国际化。这一策略通常较为适合行业内处于领导或核心地位的企业，因为企业和品牌的并购往往涉及复杂的财务、法律、制度、文化等方面的问题,以及漫长而频繁的谈判过程;同时,在并购过程中产生的费用,以及并购标的本身的资产价值,都是数额巨大的。因此,这一品牌国际化的策略并不一定适合地方性的中小企业。

(2)从该并购案发生时的全球经济环境来看,品牌国际化对主导企业也是非常有利的。2002年是中国加入世贸组织的元年,很多国内企业正处于良好的上升势头。与此同时,西方国家很多的工业企业受困于日益增长的人力成本,以及来自发展中国家同类企业的激烈竞争,纷纷陷入经营困境之中。再加上我国政府当时的政策导向是鼓励企业实行海外并购,因此对于很多寻求业务增长的国内企业而言,在全球金融危机之前的几个年份中,是推行品牌国际化的最佳机遇期。

(3)TCL选择并购的标的企业也是非常恰当的。德国和法国本身是整个欧洲乃至西方世界的工业强国,其工业企业的研发能力和产品品质在市场上均是首屈一指。其中,德国施耐德电器公司是有着超过百年历史的电器制造商,其产品和品牌遍布欧洲市场,同时建立了成熟而分布广泛的销售网络。虽然由于经营不善而面临破产,但其现有资产仍然是极为优质的,特别是其经过长期经营而积累起来的品牌资产,更是不可多得。法国的汤姆逊公司同样是一个历史悠久的家电企业,在法国、墨西哥、波兰和泰国等国拥有电视机生产基地、电视研发中心和DVD研发中心,在欧洲和北美市场建立了较强的品牌影响力和技术开发能力。应该说,TCL将这两个企业作为并购或合资对象,不仅能够形成产品开发和品质提升方面的优势互补,还能充分利用他们的销售网络和品牌影响力,快速地开拓欧洲及北美市场。因此从其并购的初衷来看,这是一个十分精准、快捷且有效的品牌国际化策略。

(4)TCL选择并购而不是自行开发欧美市场,应该说也是一个明智之举。该公司的产品和品牌虽然在中国市场上已经获得了极大的成功,但其海外市场的知名度却相对较低。同时,他们在国内市场采取的营销和品牌推广策略,例如符合国内消费者需求心理的产品外观设计、聘请日韩明星作为形象代言人、全面渗透的广告投放等,在欧美国家市场显然并不适用。所以,直接并购海外成熟的企业和品牌,并在市场开发的前期继续使用和推广这些品牌,等到时机成熟的时候再引入自有品牌,便成为国内企业进入欧美市场的一个合理选择。

然而,通过案例的延伸分析可以看到,TCL的两起并购并没有完全达到最初的目的;从最后的结果来看,似乎谈不上品牌国际化取得了成功。这其中的原因是多重和复杂的,但从我国企业品牌国际化典型的制约因素来看,至少有以下几方面应当引起注意:

(1)企业和品牌文化的兼容性。事实上,任何企业之间的并购都会遇到类似的问题,只不过跨东西方文化的并购在这方面的问题更加突出。长期以来我国的企业在营销过程中注重通过价格策略来达成销售额和市场份额的目标,企业管理则主要围绕着生产制造而展开。而西方国家的企业则更加看重以市场为中心开发和创新产品,他们有着更加成熟的市场营销体系和消费者管理经验。这就引发了中西方企业文化价值观的冲突,并且这种冲突还更多地体现在企业的日常管理过程中。例如法国企业在选聘管理人员时，坚持要选用高学历的专业经理人，而 TCL 则遵循以能力业绩为主的实用主义原则，两国的企业还在语言交流、经理报酬、产品规划等方面花了很多的时间和精力进行沟通和融合。

（2）产品的自主研发和技术创新能力。国内企业在并购国外企业后，往往过于依赖和相信后者的产品研发能力，从而在海外市场上放弃自主研发的业务。TCL 在并购之初，汤姆逊的背投电视技术的确处于领先地位，但很快随着平板液晶技术的出现，显像管背投技术就显得过时了。然而，TCL 的合资公司并不愿放弃原有的技术，最终导致了市场应对的重大失误。如果品牌在海外市场的拓展缺乏以市场需求为导向的产品自主研发能力，而一味地迷信原有的先进技术，同样很难取得成功。

（3）国际化营销人才的培养和使用。品牌的国际化离不开人才的国际化和国际化人才。一方面企业要注重原有营销人才国际化的培养，另一方面则聘用具有国际化视野的品牌营销运营人才。从案例来看，TCL 在引进国际化人才方面比较愿意投入，分别从微软、宝洁和奥美广告等世界知名企业高薪聘请技术、销售、品牌策划人员，但在自有人才的培养和使用方面，却还十分欠缺。在并购和合资发生后，TCL 未能留住熟悉当地营销环境的高级销售管理人员，而派往欧洲地区的高管却并不熟悉当地市场的需求和消费者行为。这在很大程度上导致了企业并购或合资后未能顺利地将品牌在欧美市场上快速推广的结果。

第九章 江苏省品牌经济的兴起与变迁

第一节 江苏省品牌经济的发展现状

一、江苏省品牌发展的现状

江苏省是我国的经济大省,历年来经济总量长期稳居全国第二。在改革开放初期,凭借着"苏南模式"的兴起,再加上原有的国有工业基础,江苏省的乡镇企业和工业制造业一度走在全国前列。2017年江苏省实现国内生产总值85 900.9亿元,增长速率为7.2%。其中,第二产业增加值38 654.8亿元,增长速率6.6%。2010年以来,江苏制造业规模依旧引领全国,占全国比例的11%以上,其中机械、电子、石化、轻工、纺织和冶金六大传统制造业占比超过40%以上。在工业制造业快速发展的同时,江苏省相继涌现出了一批闻名全国的日用消费品和工业产品品牌,截至2017年江苏省共有"中国名牌产品"238个,"中国驰名商标"710个,江苏省名牌产品884个,其中代表性的工业品品牌包括改革开放初期苏州的"四大花旦"——春花吸尘器、孔雀电视、骆驼电扇和香雪海冰箱,到后来的春兰空调、维维豆奶、森达皮鞋、新科电器、小天鹅洗衣机……可以说江苏省的工业消费品品牌曾经名扬海内、畅销全国。

然而,近年来江苏省虽然经济总量位居全国前列,但品牌经济的发展却落后于其他省份,与其经济地位极不相称。中国传媒大学商务品牌战略研究所发布的BBI2010中国最具品牌贡献力城市三十强中,江苏省上榜的城市仅有无锡一个,上榜品牌数仅有3个(见表9-1)。

表9-1 BBI2010 中国最具品牌贡献力城市三十强

省 份	城 市	上榜品牌数量/个
北京	北京	34
上海	上海	20
广东	佛山、深圳、广州、中山、珠海、东莞	38
浙江	杭州、宁波、温州、绍兴、丽水、台州	23
山东	青岛、烟台	9

续表

省 份	城 市	上榜品牌数量/个
福建	泉州	17
江苏	无锡	3

资料来源：张树庭，孔清溪. 品牌蓝皮书2010—2011 [M]. 北京：中国市场出版社，2011.

同时，反映各省品牌贡献力的指标中，江苏省在各省市中仅排名第九，远远落后于广东、浙江，甚至排在云南、四川等省之后，仅略高于河南省（见表9-2）。

表9-2 十大2010中国最具品牌贡献力省份及其得分

排名	1	2	3	4	5	6	7	8	9	10
省份	广东	浙江	北京	山东	上海	福建	云南	四川	江苏	河南
总得分	3456.6	2378.0	2191.9	1780.5	1450.5	1407.7	637.2	598.4	565.9	513.0

资料来源：张树庭，孔清溪. 品牌蓝皮书2010—2011 [M]. 北京：中国市场出版社，2011.

到了2012年，世界品牌实验室公布的中国500个最具价值品牌排行榜中，北京、广东、上海、浙江、福建分别有92个、84个、45个、44个、38个品牌上榜，而江苏省只有32个，同样排在这些省份之后。通过直观感受也可以发现，改革开放后江苏培育出来的全国性名牌，如今很多都已经销声匿迹或者无法重现当年的辉煌了。

二、改革开放后江苏省品牌经济的发展过程

一个地区品牌经济的发展必然根植于当地工业经济的发展，因此江苏品牌经济的发展与本省工业经济基础雄厚以及改革开放后乡镇企业的兴起是分不开的。自清末洋务运动起至民国时期，江苏省相比于周边省份而言，建立了较为完善的现代工业体系。以鸦片战争之后曾国藩和李鸿章在上海（当时属于江苏）创办江南制造总局和轮船招商局为起点，到后来末代状元张謇在南通创办大生纱厂，随后创办炼油厂、面粉厂、冶金厂等，再到民国初年荣宗敬、荣德生兄弟开始创办茂新、福新面粉公司和振新、申新纱厂，江苏省的近现代工业基础和工业体系逐步形成。在新中国成立后，江苏省的工业经济进一步发展。以南京市为例，从1949年到1989年40年间，南京市财政向轻工、纺织、冶金、机械、化学、建筑材料、煤炭、电力、电子、医药等行业投资累计达到69 461万元，促使全市建成了3 000多个工业企业、119个工业门类，并能够生产2 000多个品种的工业大类产品。此外，苏南的苏州、无锡、常州等市也分别建立起了覆盖轻工业和重工业的各类工业企业，从而形成了门类齐全、系统完善的国有工业体系。①

改革开放后江苏省的品牌经济发展就是建立在这样较为坚实的工业基础之上，因此也取得了比较突出的成绩。但进入21世纪之后，江苏的品牌经济发展却出现了各种各样的

---

① 温铁军. 解读苏南 [M]. 苏州：苏州大学出版社，2011.

问题，导致了品牌经济的发展逐步滞后于总体经济的发展。总体来看，改革开放至今江苏品牌经济的发展大致可以分为这样两个阶段，即第一阶段是20世纪80年代到21世纪初的快速发展期，第二阶段则是21世纪初至今的缓慢增长期。在第一阶段，上述提到的一些工业品品牌，不但销售势头良好，甚至有些品牌已经成长为全国性的领导品牌，如春兰空调、维维豆奶、波司登羽绒服等等。早在1994年，春兰空调业务就已经实现销售额53亿元，实现净利润6亿元；1995年，春兰被国家统计局授予"中国空调之王"称号，直至2004年其空调的市场保有率仍然位居全国第一。再比如小天鹅洗衣机，早在1978年就率先研发出我国第一台全自动洗衣机，1990年该品牌产品获行业唯一国家金奖，1997年"小天鹅"获评行业第一个"中国驰名商标"称号。可以说，20世纪90年代是江苏品牌经济快速崛起并走向辉煌的时期。

但随着股份制改造、中外合资、企业多元化发展等战略实施过程中出现的问题，以及市场竞争的不断加剧，这些品牌及产品的发展趋于停滞甚至倒退。其中，在一些国有轻工企业改制和中外合资的过程中，主管部门缺乏品牌意识，任由品牌资产流失，导致了一些知名品牌的衰落和消失。例如苏州的孔雀电视与荷兰飞利浦合资后，飞利浦集团随即终止了"孔雀"商标的使用和销售；再如"小天鹅"和"春花"被美的集团收购之后，虽然仍保留着原有的品牌，但已经不再是企业的核心和主推品牌，品牌影响力因此而逐渐滑落。由此，江苏省的品牌经济发展遭遇了一个转折点，开始落后于其他经济同样较为发达的省份，并进入到了第二个发展阶段。在这一阶段，传统的品牌似乎很难东山再起，而新兴品牌也没有完全发展壮大，此时的江苏品牌经济处于一个新老交替的格局之中。

三、江苏省品牌经济衰落的原因探析

勿庸置疑，如今江苏省品牌经济的总体实力已经落后于广东、浙江、上海等省市，而造成这一不利局面的原因是多方面的。其中，既有历史和文化方面的，也有政策导向方面的。

（1）从历史文化层面来看，相比于广东、浙江等沿海省份，江苏的商人被称为"苏商"，他们有着独特的商帮和商业文化。在漫长的封建社会期间，由于陆路交通货物运输运量有限，所以无论官方还是民间都在寻求采用运输能力更加强的水路交通。因此，在隋朝时官方动用大量的人力、物力和财力，开凿了举世闻名的京杭大运河。这条世界上最长的运河纵贯南北，在江苏境内更是串连起了徐、淮、扬、锡、苏等经济重镇。其中，当时的扬州不仅是大运河与长江的交汇点，同时也是海路漕运的中转站，成为了名副其实的交通要道。正因为如此，扬州从隋唐直至清末时期，历来是商贾云集、繁华似锦之地。近至晚清，盐商兴盛，扬州在经历过清朝初年的屠城之后，终于又再次成为江苏乃至整个南方的经济中心。同时，苏南地区包括苏州、无锡、常州等地，土地肥沃、农作物种类繁多且产量丰富，造就了一批以贩卖粮食、丝绸、茶叶为业的商人群体。综观明清以来的南北苏商，共同的特点是善于开展货物贸易，同时懂得审时度势，充分利用各种资源（包括权力

资源）来稳固自身的商业地位和垄断优势。例如清朝逐渐崛起的盐商，就是靠着从官方购买"盐引"获得贩盐资格，从而垄断了全国的食盐经营。因此，很多苏商更擅长于贸易经营，对于专注实业则并不十分看重；即便到了"洋务运动"时期和民国初期，江苏的实业家也仍然是多方涉足，并未在某一主业上不断地发展壮大。这样的经营理念和商业文化，似乎已经根植于苏商群体之中，即便在工业化全面推进的今天，江苏商人仍然擅长和热衷于贸易往来和多元化经营。

早期的粤商、闽商、浙商群体虽然同样也是以贸易经营为主，但到了改革开放以后，由于多年来对外贸易的积累，以及对港台地区先进的企业经营管理理念的吸收和运用，广东、福建、浙江的很多商人开始逐渐聚集于主业，并成功地创建了许多闻名全国乃至世界的工业品品牌。因此，近代以来，苏商过于倚重贸易的传统，使得他们相比于其他省份的企业家而言，欠缺了一些专注于实业的商业文化。

（2）江苏商人普遍乡土情结较重。不同于闽浙地区，江苏省境内大部分是平原地貌，且河网密布，从而造就了"鱼米之乡"的美誉；再加上较早的桑蚕丝绸、茶叶果品、畜牧禽蛋等的养殖，形成了较为发达的农副产业。于是很多商人得以立足本地开展相关商品的贸易，而无须到全国各地去采购调剂，以获得价差利润。改革开放后，苏南的乡镇企业逐步开始兴起。绝大多数此类企业是在原有的村办厂、社办厂的基础上发展起来的，在一开始的时候借用村里的仓库、办公室或者民房作为车间进行生产，企业所雇用的劳动人员也大多为本村的村民。这就是所谓的"离土不离乡，进厂不进城"。正是因为有了这样的企业成长环境，江苏的商人企业家群体就没必要背井离乡，到异地去创业办厂。然而，从品牌经济发展的角度来看，这样的情形却不利于他们接收不同的市场信息，以及学习先进的管理经验。例如，苏州的常熟是服装产业基地，但却只产生了一个真正称得上全国知名的服装品牌；而浙江的宁波、福建的石狮、广东的中山，则聚集了大量全国知名的服装品牌，如雅戈尔、杉杉、七匹狼、以纯等。常熟的服装企业往往喜欢高薪聘请广东、福建的服装设计师和品牌策划人员，来提升自己的产品和品牌形象，但这在客观上讲，已经落后于闽粤地区的品牌发展水平。

正因为有着这样的商业文化传统和优越的地理条件，导致了江苏的企业家相比于其他省份的企业家缺少一些冒险和进取的精神。很多企业家满足于贴牌加工（OEM）业务，而不愿意创立自己的品牌。江苏省历年来贴牌加工贸易总额占全部出口贸易总额的比例均在40%以上，由此也可以看出自有品牌的发展遭到了忽视。

（3）政府政策导向忽视本土品牌的发展。虽然江苏孕育了"苏南模式"和大量的乡镇企业，但从经济发展的进程来看，地方政府却并不十分重视民营经济的发展，而是特别强调外资外贸企业的重要性。例如在对外贸易方面，2015年江苏省进出口总额为5 456亿元，而其中仅外资企业的贸易总额就超过了3 373亿元，达到全省的62%以上，不仅高于外贸大省广东省的比例，而且远远高于浙江、山东、福建等省。从省市到各县，各级政府都热衷于吸引外资，整个昆山的外资企业产值占工业总产值的比例甚至高达84.6%（2016

年),常熟、太仓等县市的比例也都在50%左右。这在以乡镇企业闻名全国的苏南地区来看无疑是比较尴尬的,也因此,地方政府的很多经济政策都向外资企业倾斜。不同于江苏省的政策取向,广东虽然也是外贸大省,但他们在促进民营经济、本土经济方面也是不遗余力的。针对广东本地的家电、日化、家具、服装等以民营为主的产业,省市县各级政府纷纷出台各种扶持政策,例如对于名牌产品的奖励、建立产业研发中心、加大对行业协会的支持与指导,等等。总之,广东省区域品牌经济的兴起,与地方政府的政策导向和扶持是分不开的。

当然,江苏省区域品牌经济发展滞后的原因还有很多,例如知识产权保护力度不足、企业治理模式缺陷、市场竞争加剧等。

四、江苏省区域品牌经济发展的前景

尽管江苏区域品牌经济的发展在近年来呈现出缓慢的趋势,但从历史和长远来看,江苏一方面具备较为雄厚的工业基础,另一方面在科技创新领域也有着独特的优势。2016年全省工业总产值达到15.76万亿元,利润总额超过1.05万亿元。全省工业门类齐全,纺织、机械、电子、冶金、石化等产业规模位居全国前列。战略性新兴产业增长迅速,其中新材料、新能源、节能环保、海工装备等产业规模已经跃居全国第一。社会科技创新活跃,全省专利申请量和授权量、发明专利申请量、企业专利申请量和授权量等已经连续多年位居全国第一。在经济发展的新常态下,江苏省提出到2035年左右要全面建成具有全球影响力的产业科技创新中心①。因此,江苏省仍然具有推进区域品牌经济重新崛起的产业基础和发展前景。特别是江苏的有些本土企业能够始终专注于主业,不断提高产品质量和技术含量,并且大力开展品牌的宣传和推广工作,使得企业和产品品牌呈现出良好的上升势头,如洋河、好孩子、海澜之家等企业和品牌。这些成长性优良的企业与品牌,正是江苏今后一段时间区域品牌经济复苏的基础和支柱。

正因为如此,着眼于本土品牌经济的发展,江苏省应当在政策导向和商业环境的营建方面,逐步朝向这些企业倾斜。

(1)推进企业待遇的平等化。在改革开放初期为了吸引外资,我国政府出台了许多专门针对"三资"企业的优惠政策。这在客观上的确为我国在资本短缺的情况下迅速发展工业经济起到了显著的作用,但当整个国民经济发展到较为成熟的阶段时,这些政策无疑造成了市场主体的人为的不公平竞争。并且,外来资本通常只把东道国当作生产加工的一个环节,并不会真正根植于当地发展企业。近年来很多苏南地区的外资企业纷纷撤离搬迁就很好地说明了这一点。因此,如今政府在继续招商引资的同时,更应当注重一个公平公正的市场竞争环境。早在2014年4月,国务院就发布了《关于进一步做好利用外资工作的

---

① 郑焱. 新发展理念引领新江苏建设:2016年江苏省政府决策咨询研究重点课题成果汇编[C]. 南京:江苏人民出版社,2016.

若干意见》，意味着以往那种无条件的"外资优先"的发展理念逐步退出历史舞台，外资企业的"超国民待遇"时代开始谢幕，所有的市场主体都要在同等的税收及其他经济政策条件下展开竞争。但在实际的经济管理过程中，仍然需要各级政府真正有效地贯彻实施这一政策导向，才能促使大量的本土企业发挥出自身的竞争优势。

(2) 继续推进企业品牌建设的奖励制度。如今江苏省的品牌经济发展已经相对落后于其他经济同样发达的沿海省份，而这些省份仍然在大力推进本土企业品牌的创建与发展，包括采用财政奖励的方式激励企业发展壮大自有品牌。然而，江苏省的很多市县由于过多地依赖于外资企业，已经逐步减少或者停止了对本土企业和民营企业在品牌创建方面的资助。对于本土企业创建品牌的奖励和激励，不仅是促进区域品牌经济快速成长的需要，同时也符合经济发展自身的规律。区域内企业品牌的建设与发展，特别是强势品牌的形成，具有多重正外部性，不仅能够带动本地区其他企业创建品牌的兴趣和热情，同时也能够提升当地的城市在全国乃至世界范围内的知名度。因此，只有通过政府持续的公共激励，才有可能在政策层面保障中小企业持续的品牌发展热情和信心。

(3) 提升产业创新水平。品牌的发展壮大，离不开产品品质的不断提升以及持续的新产品开发；而产品的研究与开发，则依赖于科技创新水平的提高。大量的中小企业由于缺乏资金和人才，在产品品质提升和新产品研发方面往往处于弱势。同时，江苏省的众多产业在发展过程中又呈现出明显的集聚现象，很多生产同类产品的中小企业集中在相对有限的竞争范围内，这使得在特定的产业集群内设立产业创新和研发中心成为可能。在当前的产业环境中，由于知识产权保护制度和实施执行均不十分完善，因此由政府出面来组织和设立以市场为导向的产业创新中心就成为可能，且十分必要。通过公共的产业创新中心，中小企业能够以较低的成本获得创新产品，或者产品品质改进的相关技术，以及得到技术人员的指导；从知识产权保护的角度来看，也避免了企业之间相互模仿甚至窃取专利技术。除此之外，以往的高新技术企业认定和其他科技创新的奖励制度同样需要持续推行下去。

(4) 品牌建设理念与基础的提升。由于众多的乡镇企业家本身是农民出身，因而受教育水平不高；再加上很多企业直至今天仍然位于农村和乡镇，对于最新的产品、营销和品牌信息接触有限，并且缺乏足够的合格的市场营销和品牌策划人才。如果要快速提高区域品牌经济的发展水平和竞争能力，那么就必须通过集中的品牌策划培训，提升企业家对于企业品牌建设的认知和运营水平。同时，也可以通过品牌策划与研究中心，为企业培养更多的营销和品牌策划人员。政府可以借助各产业的行业协会，强化公共部门与企业的联系来推行上述培训项目，从而为企业的产品研发和品牌创建提供帮助，夯实区域品牌经济发展的基础。

当然，有关区域品牌经济的发展，政府还可以从财政、金融、行政等方面给予支持和鼓励。并且，结合当前江苏省区域品牌经济发展的实际情况，各级地方政府还可以针对不同企业开展分类指导。例如，对于处于行业领导地位的品牌，政府应当鼓励其实施品牌国际化战略；对于处于成长阶段的品牌，则应注重产品研发，巩固和提升产品品质；而对于初创的品牌，政府应当简化商标注册流程，降低品牌发展的成本，并且开展品牌创建指导，等等。此外，地方政府还可以利用自身所掌握的媒体，以及举办展会，大力推广和宣传本土品牌。总之，在促进区域品牌经济发展方面，地方政府仍然起着一定的主导作用，同时也掌握着众多的政策工具，但关键的问题仍然是要认识到区域品牌经济对于当地经济长远发展和持久竞争力的重要性。

第二节 江苏省区域品牌经济发展的案例分析

作为一个工业发展历史悠久的经济大省，江苏省的区域品牌经济曾经走在全国前列。但由于发展理念和战略方面的失误，导致了一些原本增长强劲的品牌逐渐走向衰落。与此同时，仍然有一些品牌，在经历了市场风雨的洗礼之后，开始表现出较为良性的成长趋势。因此，对于在江苏省本土曾经出现的各类知名品牌，无论其如今的市场地位如何，通过深入剖析其品牌运营的成败得失以及市场环境和政府政策的影响等，来总结区域品牌经济发展的经验和教训，从而为今后企业的品牌运营策略和政府的区域品牌经济发展政策提出一些可供参考的对策和建议。

一、苏州"孔雀牌"电视

【案例】

在孔雀电视最辉煌的年代，要买一台孔雀电视不仅仅要有票，还需要托人找关系。孔雀集团在当时名列全国工业500强之一，月生产量达到了5 000台。而后，孔雀电器与苏州飞利浦（简称"苏飞"）开办合资公司，占股49%。苏飞开业后连续两年亏损，在1996年，苏飞即扭亏为盈。可就在苏飞盈利大升的1998年，合资双方却搞起了"利润承包协议"，企业的经营管理由飞利浦具体负责，孔雀则每年可以从合资公司获得固定回报3 400万元。至2002年，荷兰皇家飞利浦中国集团与苏州孔雀电器（集团）公司关于飞利浦消费电子有限公司又签订了股权转让的协议：飞利浦在合资公司中的股份从51%增加到80%，孔雀则从49%减持至20%。到了20世纪90年代中后期，孔雀这个电视品牌逐渐在市场上销声匿迹。

资料来源：百度知道. 苏州孔雀牌电视机厂［EB/OL］.（2008-12-27）［2018-12-03］https：//zhidao.baidu.com/question/80209032.html.

从二十世纪八九十年代起，我国政府为了提高国内企业的技术与管理水平，并扩大外贸出口，纷纷推进国内企业与外国企业的合资与合作。苏南的一些国有企业和地方政府主导的集体和乡镇企业就在这一背景下陆续开始了转制和中外合资的改革。然而，在这一进程中，由于我国仍然处于计划经济向市场经济转变的时期，很多企业缺乏国际化经验，而地方政府则引资心切，同时对股权认识不足，人们普遍缺乏品牌意识，更不用说对品牌资产等无形资产的认知和运用。因此，合资的初期在商定股份比例的时候，中方企业很少提出将品牌作为一种资产投入到合资企业的股份中。这样的做法，不仅降低了中方资本的股份比例，而且忽略了品牌的资产价值，长期来看更是损害了原有品牌在新的合资企业中的地位。从案例中可以看出，"孔雀牌"电视合资前在国内市场上已经积累了巨大的声誉，但在合资时却并未作为资产计入资本比例中。随后，外资企业在取得控股权之后，往往将中方的原有品牌弃之不用。在成熟市场经济体系下孕育出来的外资企业和品牌并非没有意识到中资品牌的资产价值，只是从情感和经济的角度来看，他们更偏向于自有的品牌。当外资企业在国内市场上使用自有品牌时，他们能够因此而获得更多的品牌收益；同时，将合资企业的知名品牌隐藏起来，就直接地减少了市场上的竞争品牌。张亦梅和任国春的研究认为，外资在并购进程中对中资品牌的挤压，主要是为了达到减少进入市场的风险、消灭竞争对手、弱化市场竞争、获取高额利润等目的。因此，合资后一个必然的结果就是中资品牌逐渐退出市场。这样的例子，在上述合资进程中还有很多，如苏州另外一个曾经全国知名的冰箱品牌"香雪海"在与三星电器合资后，同样在市场上不见踪影；而护肤品品牌"丁家宜"在被外资收购后则逐渐衰落，失去了原有的品牌竞争力。诸如此类的还有小天鹅洗衣机、熊猫电视、新科电子等等。

在这一时期，江苏省区域品牌经济从曾经的辉煌走入低谷，主要的原因在于合资过程中民族品牌及其资产的流失。从客观原因来看，当时企业发展资金不足，技术与管理水平落后，而地方政府又在极力倡导"外向型经济"；因此，为了打开国际市场，引进外资并开展合资经营似乎成了必然的选择。然而，与此同时一个附带的后果则是自有品牌资产的流失。如今回顾当时的品牌经济发展，让人感到十分惋惜。上述那些品牌基本都是短缺经济年代成长起来的，也就是说品牌的建设成本相对较低，基本没有通过大量、广泛且费用高昂的品牌宣传，就积累了巨大的品牌声誉。而在今天的商业环境下，要形成如此宏大的品牌影响力，其所需要付出的成本之高将是不可想象的。如今，这些品牌虽然已经退出了历史舞台，但却很少是因为产品质量方面的原因而衰落的，并且其品牌知名度依然留存在一代人的记忆中。也就是说，如果有合适的产品或机会，将这些品牌复活并重新包装上市，也不是完全没有可能。

二、春兰空调和维维豆奶

【案例】

（1）春兰：1985年的春兰，叫作"泰州冷气厂"，是一个濒临破产的国有小企业；1989年，曾是一名普通技术员的陶建幸临危受命担任厂长，次年即扭亏为盈；1989年，江苏春兰制冷设备有限公司成立，陶建幸任董事长兼总经理，两年后，春兰集团开始建设当时国内最大的空调生产基地。1994年，春兰空调业务实现销售额53亿人民币，实现净利润6亿人民币，并且1994年4月25日，由春兰制冷设备、春兰特种空调、春兰销售三家公司共同出资成立了春兰股份。1995年,春兰股份被国家统计局授予"中国空调之王"称号,2003年,春兰空调产销量突破3 000万台;2004年,春兰空调市场保有率继续第一;而陶建幸本人,也在2002年当选"年度十大经济人物"。

1994年,春兰股份正式在上海证券交易所上市,资本运作能力获得极大提升。同年,春兰股份便与春兰集团一起杀进了摩托车领域,推出了"春兰虎""春兰豹"两个系列产品,并且在1997年上半年就实现了6万台的销量,销售收入近10个亿的靓丽成绩。初尝甜头的陶建幸随即加速了攻城略地的步伐,至2005年,春兰股份已先后介入摩托车、洗衣机、冰箱、汽车底盘等项目。然而,迅速的多元化扩张却衍生出了一系列问题:1996年春兰股份携百亿巨资欲上家庭轿车项目却拿不到"准生证";1997年启动0.8微米集成电路项目时因不能收购电子部"908工程"而受挫;2000年因看到技术的瞬息变幻而主动放弃投资6亿美元的液晶显示器项目……多元化扩张战略过快最终还是出现了顾此失彼的问题,新业务还没能完全成熟起来,曾经的支柱产业空调业务则不断下滑。2002年年报显示,春兰股份持股的江苏春兰摩托车有限公司、江苏春兰动力制造有限公司、江苏春兰机械制造有限公司、江苏春兰洗涤机械有限公司全部亏损。2005年,春兰股份不堪重负,主营业务利润5.15亿元,比上一年同期下降4.81%,净利润亏损2 595万元,这是春兰股份自1994年上市以来的首次亏损。2007年年报显示,春兰股份实现营业收入22.20亿人民币,净亏损1.98亿人民币,其中,空调业务营收同比下降31.52%,旗下生产销售冰箱等产品的江苏春兰洗涤机械有限公司、生产销售摩托车发动机等产品的江苏春兰动力制造有限公司等四家控股子公司,净利润均为负。

扩张不顺,空调业务状况也开始掉头向下。2005年至2007年,春兰股份连续三年亏损,于2008年5月被上海证券交易所暂停上市。春兰股份在空调领域日渐式微,多元化扩张也颇有坎坷,不过,春兰集团官网显示,集团目前七大产业布局已经基本形成:空调、新能源、金融与投资、机械制造、房地产、酒店、商贸。

(2) 维维:维维集团创建于1992年,经过20多年的发展,如今已经成长为中国最大的豆奶企业。一句"维维豆奶,欢乐开怀"的广告语,曾经响彻大江南北。2005年"维维"入选"中国500家最具价值品牌",2016年公司在"中国500强"企业排名中位居第417位。然而,虽然取得了众多荣誉,但维维集团及其品牌却与其他许多江苏企业一样经历了极为曲折的发展历程,并且直至今天仍然没有完全走出困境。

2000年6月,维维股份以每股10.28元的发行价上市,市值达到66亿元。截至2016年该公司市值112亿元。如果剔除收购的白酒业务,维维股份的市值可能只有60~70亿元,基本上与2000年一样。在上市前的1997年,维维豆奶的销售额就已经达到13亿元,凭借单一产品达到如此高的营业额,并由此开创了单一品类市场,不得不说在当时是极为成功的。在上市融资之后,维维集团开始了多年的企业并购和多元化之路。到了2015年,一个多元化的"帝国"已经形成,成为一个涉及饮料、白酒、食用油、房地产、贸易、茶叶等六大行业的"帝国"。然而,多元化后的业务业绩却令人堪忧。从维维股份的2015年年报，我们看到它的白酒业务毛利率只有35.93%（注：这个行业平均毛利在50%以上）；卖的植物蛋白饮料，毛利率只有14.45%；食用油毛利率只有可怜的1.26%；甚至一度被认为暴利的茶类毛利率也只有26.93%。以上多项业务，虽然每年能为集团贡献几个亿的收入，但是在毛利率极低的情况下，如果再扣除其他运营费用，那么大多数业务可能都已经亏损。

除此之外，维维集团早在创建之初就曾尝试进入乳业市场；上市之后，通过并购珠江、新疆等地的牛奶公司、乳业公司等，并创建"天山雪"品牌，大举进军乳品行业。只可惜，由于奶源地选址失误，导致了物流成本过高，牛奶制品的毛利率被严重压缩；同时由于无法与豆奶产品共用生产设备、供应商、渠道、广告等资源，未能形成规模效应，以及整个乳制品行业产能过剩等问题，最终使得维维集团在这方面的尝试同样没能取得成功。

再看进军白酒行业。2006年至2009年期间，维维集团通过持有双沟酒业股份，并最终将其转让，共获利3亿多元，可以说取得了骄人的业绩。在这次尝甜头之后，维维集团不断在白酒行业攻城掠地，2009年，花费3.48亿元收购了湖北枝江酒业股份有限公司的51%股权。2012年，出资3.57亿元收购了新贵州醇酒厂。到了2013年，白酒行业受"塑化剂事件"的影响，白酒行业的行情已经明显降温。维维股份在行业低点的时候再次出手，耗资2.4亿元增资收购湖北枝江酒业股份有限公司，控股比例上升至71%。

然而，不幸的是，此后几年我国中低端白酒市场总体并不景气，根据维维股份2015年年报披露，2015年枝江酒业的年收入下降至10.65亿元人民币，这已经是自2011年以来，连续4年下滑。收购后的贵州醇经营业绩不但没有好转，反而每况愈下。2013年全年亏损了8 822万元，亏损总额甚至超过年总营业收入。2014年、2015年的亏损额度虽有下降，但是2015年的营业收入与收购前的2011年相比，已经下滑了30%。

资料来源：黄文."维维"究竟想要做什么？[J]. 中国品牌与防伪，2012（4）：62-63.
胡劲松，朱明堂. 维维集团与双沟酒业实现强强联合[N]. 徐州日报，2007-1-21（A1）.

在上述两个案例中，可以看到春兰和维维这两个品牌有着很多的共同点，首先是依靠某一单品在市场上立足并发展壮大，直至成为市场占有率全国第一的品牌；其次，两个企业都曾经成功地上市进行融资；再次，当品牌发展到巅峰期的时候，两个企业不约而同地选择了多元化的发展战略；最后，两个企业及其品牌都由于多元化战略的失误而陷入了下滑的趋势。虽然说品牌衰落有着各种各样的原因，但盲目的多元化战略显然对品牌的伤害更为严重。特别是当企业采取的是与主营产品缺乏关联性的非相关多元战略时，这种负面影响变得更加明显。有研究表明，具有政治关联企业的多元化战略在短期内可能促进经营状况的改善，但非相关多元化战略将对未来的绩效表现产生负面影响，即损害公司的市场价值。[①]

多元化战略对于品牌长远发展最主要的负面影响就是分散资源，阻碍核心品牌产品的

---

① 邓新明. 我国民营企业政治关联、多元化战略与公司绩效[J]. 南开管理评论，2011（4）：4-15.

品质提升和新产品开发。显而易见,品牌的基础是产品的品质和科技含量,而这一要素需要通过不断的投入和长期的积累才能在市场上形成广泛的声誉。不同于欧美国家市场经济发展的历程,我国的市场经济是从短缺经济年代逐步转变而来的,因此很多企业在这一阶段通过一些品质相对优良的产品就迅速地占领了市场。当品牌发展到较为成熟的时候,企业积累了一定的资金,再加上江苏企业家具有深厚的贸易传统和文化,把企业经营看作是一门"生意"而非"事业"来对待,因此自然而然地想到了多元化和混合并购的发展战略。这样的做法,直接的后果就是稀释了原本主营产品的品质提升和研发投入。从1994年春兰集团开始将资金投入到其他产品中,并且是与空调完全非相关的行业领域,其空调的品质提升努力就开始落后于其他企业。而此时,同样是以空调起家的格力、美的等品牌,正在为继续提升产品品质而不断努力并投入资金。1995年格力电器投入上亿元购买世界最先进的零部件筛选设备,且配置筛选工程技术人员500人之多,力争将产品质量缺陷降为零;随后数年内,还成立种类技术开发和性能实验室170多个,配备空调研发工程师1 000多人,每年投入科研和实验经费上亿元。① 而同样采取多元化战略的维维集团虽然在资本收购中取得过盈利,但这种跨品类的并购只是暂时增加了其收入,并未在长远战略方面增强其主营产品和品牌的竞争力,而且进入中低端白酒这种其本身并不熟悉的产品市场,最终还是遭遇了亏损的局面。反观近几年内,与豆奶产品相关度较高的功能饮料市场,如果汁、茶类、保健类饮料,反而发展势头良好。

诚然,企业多元化战略的选择是出于对市场前景的预判而做出的,特别是跨产品品类的多元化是分散企业经营风险的必然选择。然而,从市场需求的角度来看,人类固有的各种生理与心理的满足需要总是存在的,只不过在不同的科技水平下会以不同的形式表现出来;企业所要做的就是把握甚至引领科技进步的步伐,将原有的产品以持续改进的、符合科技发展规律的方式提供给消费者。而开展多元化的企业,如果其多元化的方向不能与原有核心产品形成范围经济和规模经济,共享各类资源,则多元化的战略不仅不能降低经营风险,反而会提升企业风险;因为当企业进入一个完全不熟悉的领域时,将会在技术能力、管理经验、市场前景、政策规制等方面都面临更多的不确定因素。因此,虽然说企业的经营风险时刻存在,但如果能够专注于某一行业,并成功地抓住科技创新的机遇,企业仍然能够在不断变化的市场中生存发展下来。时至今日,很多曾经开展多元化发展的企业,都逐渐回归和聚集于主业,例如IBM剥离了其PC业务而专注于商用服务器和信息服务,索尼加大了其原有的家用影音电器方面的投入力度等,而像惠普、苹果、尼康等企业则从始至终都投身于自己的主业,不断地开发和创新产品,从而在该行业中积累了广泛而良好的声誉。

以春兰和维维为代表的江苏知名品牌,正是在过于分散的多元化战略指导下走向了衰败。至此,江苏省品牌经济发展在经历了第一轮中外合资致使品牌资产流失的打击之后,

---

① 郭昭晖.董明珠的谜:格力的那套办法[M].北京:中国财富出版社,2016.

又遭遇了第二轮企业盲目多元化导致品牌专业水平不高、品牌形象模糊,直至最终衰落的境地。

三、海澜之家与好孩子童车

然而,也应当看到的是,虽然一些传统的品牌逐渐式微,但江苏省的工业基础和科技创新能力在全国范围而言仍然十分突出,因此其区域品牌经济发展的基础仍然较为雄厚。如果各级地方政府能够积极转变观念,注重对本土企业和品牌的扶持和引导,再加上企业自身专注品牌的长远发展战略,那么江苏省的品牌经济依然有重新崛起的可能。当前,已经有一些成长性良好的企业和品牌,开始支撑起区域品牌经济的未来发展。

【案例】

(1) 海澜之家:位于无锡江阴的海澜之家原名"中国三毛集团公司",最初是一家以生产和经营毛纺织品为主的乡镇集体企业。后来随着企业的不断发展壮大,开始涉足服装成衣制品。2002年,集团领导通过对日本服装市场的考察,决定转变企业经营模式,于是创立了"海澜之家"这一品牌。同时,通过开设卖场店,采用顾客自选购买的销售方式,成功地开创了企业和品牌的高速成长之路。"海澜之家"品牌曾荣获"2013年度最具影响力和创造力的品牌",2014—2015年连续两年位居《胡润品牌榜》最有价值服装家纺品牌第一,2015年品牌价值达到110亿元。同年,根据标准普尔发布的统计数据,该企业位居"全球市值最高服饰公司25强"第14位,并在国内A股中居于服装企业市值第一。

"海澜之家"在品牌成立之初就采用了企业名称、商标名称、产品品牌三位一体的策略,并确定将服装作为品牌的核心产品。其主要服装产品将目标顾客定位于25~45岁之间的中青年男性,主力产品价格区间介于100~500元之间。十多年来,"海澜之家"的直营店和加盟店不断扩张,截至2017年在全国已经拥有各类专卖店5608家,年销售额达到170多亿元。除了采用独特的零售模式之外,"海澜之家"还通过产品外包的"轻资产"运营策略,以及与供应商、经销商共同发展的理念,来推进品牌的建设和发展。尤其是在产品设计与研发方面,整个企业更是不惜重金投入。公司先后建成了省级企业技术中心、省级工程技术研究中心、博士后科研工作站、中国服装创意设计实习园等技术创新平台,此外还投资成立了流行趋势研究中心、工程技术研究中心、质量检测中心等六大设计研发中心;每年会委派研发中心的近百名设计师奔赴米兰、巴黎、伦敦等时尚之都参加国际服装发布会和展销会。同时,企业总部的研发中心和设计师与各地经销商供应商的设计师通力合作,共同确定符合实际市场需求的产品设计风格和理念。此外,企业还通过统一专卖店形象和经营标准、集中物流统一配送、销售网络信息化建设等方式,规范了品牌形象,提升了品牌认知。

(2) 好孩子集团:好孩子集团创立于1989年江苏昆山陆家镇,是由一所濒临倒闭的校办工厂发展而来的。经过近三十年的发展,逐步成长为中国最大的婴童用品研发、制造和销售集团。集团已经拥有一个世界级的实验中心,并获得ISO授权成为儿童乘用车行业全球标准制定者，每年创造的专利数超排名前5名的竞争对手的总和。至2017年已经累计获得专利认证9 200项，每年研发新产品多达400多款，企业成立至今已经获得世界工业设计领域最高奖"红点奖"多达26个。

同时，好孩子集团通过创设海外研发机构、海外上市和国际并购，积极开展品牌国际化运营。2014年好孩子集团全资收购欧洲著名高端儿童用品品牌德国CYBEX，之后又全资并购美国百年知名婴童品牌Evenflo。"2010年在香港上市后，我们具备了国际并购实力。这两次并购，让好孩子从量变到质变，走上了以自主品牌为主、研产销一条龙垂直整合的发展道路。"集团董事长宋郑还介绍道，"建立强大的品牌，是好孩子从创立之始就为之奋斗的目标和梦想。"好孩子集团在全球市场上实现资源优势配置，建立了一个以中国、德国、美国三大母市场为轴心，辐射全球的市场营销体系；同时建立了由分布在欧、美、亚三大洲的7个研发中心组成的全球研发体系，有来自42个国家人才组成的18 000人的员工队伍和运营管理体系。另外，还成功打造了覆盖最高端到中端市场的品牌体系；实现了全球范围内以品牌经营为导向的销、研、产、服一条龙机制的健康运作。

资料来源：宋郑还. 超越"微笑曲线"，未来制高点是"用户关系"[N]. 苏州日报，2018-06-05(B03)．

江苏省自建国以来就是我国的轻工业大省，特别是在纺织服装产业中积累了较为明显的生产经验和技术。海澜之家集团正是在这样的产业基础上成长起来的。此外，江苏省的电子、机械、化工等产业在改革开放之后也迅速崛起，从而孕育了像好孩子集团一类的机械电子企业。应该说，上述两个企业和产品品牌的兴起，同样得益于江苏省良好的产业基础；但这并不意味着这些品牌必然会成长为全国乃至世界知名品牌，此前的案例早已说明了这一点。海澜之家和好孩子品牌的成长壮大，应当有着符合品牌发展规律的经营理念和经营策略。结合上述案例，经过深入分析，至少有以下几点值得其他企业学习和借鉴。

（1）始终专注主业。海澜之家和好孩子集团在品牌成长的过程中，和其他许多具备了资金实力的企业一样，也推行了品牌扩张和延伸的策略；但是，和其他企业不同的是，这两个企业始终围绕主业进行扩张和并购。例如海澜之家在资本市场上市前后，除了"海澜之家"这一核心品牌之外，不断扩展产品线和相关品牌，分别创立了圣凯诺、爱居兔（EICHITOO）、海澜优选等服饰家居品牌。同样地，好孩子集团也通过资本运作并购和扩展了其品牌阵容与产品类型，相关性的品牌扩张和并购包括儿童安全座椅、婴儿床、儿童玩具等。不难看出，这两个企业在进行品牌扩张时，最初都无一例外地选择就近扩展的策略，即与核心品牌产品相关的大类产品进行延伸和扩张。这样的做法，无疑能够最大限度地利用其原有的研发、渠道、宣传推广、生产设备以至管理经验等已有资源，从而形成规模经济和范围经济优势。从产品销售的角度来看，相关产品同时陈列在消费者面前，是符合他们的购买习惯的。所以，无论是在生产还是销售层面，品牌就近扩展才是品牌发展壮大的最优选择。

（2）注重研发及品质提升。在专注主业的前提条件下，企业才有可能把主要的资源和精力投入核心产品和品牌的长远发展上去。特别是与产品品质及类别相关的创新、研发和技术改进等，更需要长期的不断的积累。从上述两个案例中可以看到，两个企业都极为注重围绕着主营产品展开的研发投入，分别建立了与服装和童车相关的各类研究中心，并持续不断地向这些研究机构投入资金，提高研发能力。服装产品的设计更新通常是以季度为单位，因此海澜之家采用生产企业与经销商共同开发的模式来加快服装款式的更新换代，这就需要有强大的设计师团队为主体，快速而频繁的面料、款式、色彩开发与设计为依托，才能跟得上瞬息万变的服装流行趋势的变化。显然，海澜之家在这方面不惜重金投入；而当产品线扩展到家居、家纺、女装等领域时，更需要进一步壮大产品设计与研发能力。海澜之家在市场上取得的成功，充分说明了他们在产品研发方面的坚持和投入获得了市场的认可。同样的，好孩子能成长为世界第一的童车品牌，其在产品创新和开发方面的投入也是功不可没。

（3）坚持发展自有品牌。从以上案例中可以看出，两个企业都曾经为其他品牌做过OEM（贴牌加工），但在企业发展的进程中，越来越意识到自有品牌的重要性。于是，在为其他品牌加工的同时，开始注重培育自己的品牌。根据前文的分析，企业发展自有品牌必然会提升运营成本，并且如果这种成本无法得到弥补，那么品牌的成长就难以为继。幸而上述两个品牌均在专注主业的前提下，一直没有放弃发展自主品牌的想法。他们利用曾经学习和积累起来的产品和生产技术，以及运营管理经验，成功地在市场上树立起了自身的品牌形象。如今，海澜之家和好孩子品牌的产品，其价格在市场上平均比同类产品高出20%~30%，且销售状况良好，充分说明了其品牌溢价能力及消费者黏性已经形成，坚持发展自主品牌的策略得到了认可。

（4）独特的技术或经营模式。如前所述，在竞争较为充分的市场中，品牌要实现突围，打破现有的竞争壁垒，必须依靠独特的产品和营销策略。好孩子品牌正是通过强大的研发能力不断开发创新产品，逐步地打开市场，甚至在欧美市场上都能够获得一席之地。而海澜之家在强化服装产品设计的同时，更是通过独特的营销策略——服装自选零售超市的销售模式来占领市场。当然，无论是产品还是销售模式，都极有可能被其他品牌迅速模仿。因此，对于任何一个成功且长期存在品牌，真正的核心竞争力应该是持续不断的创新与研发能力。

当然，除了上述两个品牌之外，洋河、今世缘、苏宁、肯帝亚、盛虹等江苏省本土发展起来的品牌在近些年也表现出了良好的成长性，有望成为全国乃至世界知名的品牌。综上所述，虽然近年来江苏省的品牌经济发展经历了挫折和低谷，但江苏省拥有悠久的工业发展基础，较为完善的工业生产体系，区域创新能力也位居全国前列，这些都为品牌的发展奠定了坚实而良好的基础。如果当地政府能在发展理念、政策导向等方面加以合理引导，并且在制度建设过程中注重激励和支持本土品牌、自主品牌的创建与发展，相信在不久的将来，江苏省的区域品牌经济将重新呈现出百花齐放、生机勃勃的局面。

参 考 文 献

[1] HENDRIK H. Martin Peitz Umbrella Branding and the Provision of Quality [J]. International Journal of Industrial Organization, 2008 (3): 546-556.

[2] SONIA J D. Tara Heath Cooperative Brand Alliances: How to Generate Positive Evaluations [J]. Australasian Marketing Journal (AMJ), 2008 (2): 22-38.

[3] Sanjeev Sharma. A Brand is Forever! A Framework for Revitalizing Declining and Dead Brands [J]. Business Horizons, 2009 (7-8): 377-386.

[4] HARISH K, LOUISE A. Heslop Brand Positivity and Competitive Effects on the Evaluation of Brandextensions [J]. International Journal of Research in Marketing, 2009 (3): 228-237.

[5] ANNA T, JOSEP A. Tribo Customer Satisfaction Brand Equity [J]. Journal of Business Research, 2011 (10): 1089-1096.

[6] CHULUUBAATAR E, OTTAVIA, Ding-Bang L D B. The Role of Cluster and Social Capital in Culturaland Creative Industry Development [J]. Procedia-Social and Behavioral Sciences, 2014 (1): 552-557.

[7] SHAN S L. Chinese Cultural Policyand the Cultural Industries [J]. City, Culture and Society, 2014 (9): 115-121.

[8] HSIEH S H, CHANG A. Aihwa Chang the Psychological Mechanism of Brand Co-creation Engagement [J]. Journal of Interactive Marketing, 2016 (2): 13-26.

[9] BEHRENS K. Theophile Bougna an Anatomy of the Geographical Concentration of Canadian Manufacturing Industries [J]. Regional Science and Urban Economics, 2015 (3): 250-254.

[10] ZEITHAML V A. Consumer Perceptions of Price, Quality, and Value: A Means-End Model and Synthesis of Evidence [J]. Journal of Marketing, 1988, 52 (2): 2-22.

[11] 迈克尔·E. 波特, 泽维尔·萨拉-艾-马丁, 克劳斯·施瓦布. 2007—2008 全球竞争力报告 [M]. 杨世伟, 高闯, 等, 译. 北京: 经济管理出版社, 2009.

[12] 迈克尔·波特. 竞争战略 [M]. 陈小悦, 译. 北京: 华夏出版社, 2005.

[13] 卡斯·桑斯坦. 选择的价值: 如何做出更自由的决策 [M]. 贺京同, 等, 译. 北京: 中信集团出版社, 2017.

[14] 徐晋. 大数据经济学 [M]. 上海: 上海交通大学出版社, 2014.

［15］王文举．诺贝尔经济学奖获得者学术思想举要 1969—2010［M］．北京：首都经济贸易大学出版社，2011．

［16］德尔·I. 霍金斯，戴维·L. 马瑟斯博，罗杰·J. 贝斯特，等．消费者行为学［M］．符国群，吴振阳，等，译．北京：机械工业出版社，2009．

［17］孙曰瑶，刘华军．品牌经济学原理［M］．北京：经济科学出版社，2007．

［18］布伦诺·S. 弗雷，阿洛伊斯·斯塔·特勒．经济学和心理学：一个有前景的新兴跨学科领域［M］．单爽爽，张之峰，王淑玲，译．北京：中国人民大学出版社，2014．

［19］乔均．品牌价值理论研究［M］．北京：中国财政经济出版社，2007．

［20］菲利普·科特勒．营销管理［M］．11 版．梅清豪，译．上海：上海人民出版社，2003．

［21］孙丽辉，李生校．品牌管理［M］．北京：高等教育出版社，2015．

［22］周志民．品牌管理［M］．2 版．天津：南开大学出版社，2015．

［23］刘晓彬．品牌是什么：互联网时代的品牌系统创新［M］．北京：电子工业出版社，2015．

［24］阵保启．产业经济学［M］．北京：经济科学出版社，2013．

［25］田国强．高级微观经济学［M］．北京：中国人民大学出版社，2016．

［26］凯文·莱恩·凯勒．战略品牌管理［M］．李乃和，李凌，沈维，等，译．北京：中国人民大学出版社，2003．

［27］陆平．品牌溢价研究综述［J］．企业导报，2011（15）：109-110．

［28］李光斗．品牌竞争力［M］．北京：中国人民大学出版社，2004．

［29］戴维·阿克．创建强势品牌［M］．吕一林，译．北京：中国劳动社会保障出版社，2004．

［30］李自琼．品牌建设理论与实务［M］．北京：人民邮电出版社，2014．

［31］戴维·阿克，王宁子．品牌大师：塑造成功品牌的 20 条法则［M］．陈倩，译．北京：中信出版集团，2015．

［32］林恩·佩波尔，丹·理查兹，乔治·诺曼．产业组织：现代理论与实践［M］．4 版．郑江淮，译．北京：中国人民大学出版社，2014．

［33］保罗·贝拉弗雷姆，马丁·佩泽．产业组织和市场策略［M］．陈宏民，胥莉，译．上海：格致出版社，2015．

［34］王珺．集群成长与区域发展［M］．北京：经济科学出版社，2004．

［35］王步芳．企业群居之谜：集群经济学研究［M］．上海：读书·生活·新知三联书店，2007．

［36］黄隽，李冀恺．中国消费升级的特征、度量与发展［J］．中国流通经济，2018，32（04），94-101．

[37] 向勇. 文化产业导论 [M]. 北京：北京大学出版社，2015.

[38] 武鹏，季凯文，高连水. 居民文化消费与文化产业的"效率驱动式"成长：基于省级面板数据的空间计量分析 [C]. 北京：金城出版社，2010.

[39] 刘绍坚. 文化产业：国际经验与中国路径 [M]. 北京：中国社会科学出版社，2014.

[40] 约翰·菲克斯. 理解大众文化 [M]. 王晓珏，宋伟杰，译. 北京：中央编译局出版社，2001.

[41] 吕天品. 符号价值消费与品牌文化铸造 [C]. 北京：金城出版社，2010.

[42] 郭际，张扎根，刘慧. 融合：制造业与文化产业高质快速发展的可行路径 [C]. 南京：南京大学出版社，2015.

[43] 邓宏兵. 区域经济学 [M]. 北京：科学出版社，2008.

[44] 周建波，陈亮. 区域品牌经济的战略竞争机制：以广东省为例 [J]. 科技进步与对策，2009，26（7）：27-31.

[45] 刘华军，赵浩，杨骞. 中国品牌经济发展的地区差距与影响因素：基于Dagum基尼系数分解方法与中国品牌500强数据的实证分析 [J]. 经济评论，2012（3）：57-65.

[46] 王发明. 创意产业集群化导论 [M]. 北京：经济管理出版社，2011.

[47] 林竞君. 网络、社会资本与集群生命周期研究：一个新经济社会学的视角 [M]. 上海：上海人民出版社，2005.

[48] 肖南方. 珠三角大悬念 [M]. 杭州：浙江人民出版社，2008.

[49] 广东省发展和改革委员会. 广东省区域发展报告（2010）[R]. 广州：暨南大学出版社，2011.

[50] 福建省人民政府发展研究中心. 海峡西岸经济区发展报告（2011）[R]. 北京：社会科学文献出版社，2012.

[51] 刘仁伍. 浙江民营经济发展报告（2011）[M]. 北京：社会科学文献出版社，2012.

[52] 潘君祥，段炼. 话说沪商 [M]. 北京：中华工商联合出版社，2007.

[53] 周振华，熊月之，张广生，等. 上海：城市嬗变及展望：上卷 工商城市的上海（1949—1978）[M]. 上海：格致出版社，2010.

[54] 罗纳德·H. 科斯，等. 财产权利与制度变迁：产权学派与新制度学派译文集 [G]. 刘守英，等，译. 上海：格致出版社，上海三联书店，上海人民出版社，1994.

[55] 首格拉斯·C. 诺斯. 经济史中的结构与变迁 [M]. 陈郁，罗华平，等，译. 上海：上海三联书店，上海人民出版社，1994.

[56] 李维安. 中国民营经济制度创新与发展 [M]. 北京：经济科学出版社，2009.

[57] 林毅夫，姚洋. 东亚奇迹引领下的中国乡镇工业化 [R]. 北京：北京大学中国经济

研究中心工作报告，1999.

[58] 张平淡．品牌管理［M］．北京：中国人民大学出版社，2012．

[59] 徐坚．逆全球化风潮与全球化的转型发展［J］．国际问题研究，2017（5）：1-15．

[60] 韩中和．品牌国际化研究述评［J］．外国经济与管理，2008（12）：32-38．

[61] 陆卫平．国际营销标准化与本土化研究的发展脉络及最新进展［J］．经济经纬，2008（2）：132-135．

[62] 刘志彪．全球化背景下中国制造业升级的路径与品牌战略［J］．财经问题研究，2005（5）：25-31．

[63] 王玉燕，林汉川，吕臣．全球价值链嵌入的技术进步效应：来自中国工业面板数据的经验研究［J］．中国工业经济，2014（9）：65-77．

[64] 凌丹，朱芳兰，胡惟璇．OFDI对中国产业比较优势动态升级的影响：基于全球价值链分工视角［J］．科技进步与对策，2017（5）：60-65．

[65] 段巍，邓岩冰，吴福象．全球价值链视角下的中国制造品牌化：一个产品性能分解的分析框架［J］．产业经济研究，2018（5）：1-12．

[66] 韩中和，刘刚．中国企业品牌国际化现状的实证分析［J］．国际商务研究，2008（6）：63-68．

[67] 贺华丽，刘斯敖．浙江外向型民营企业品牌国际化研究［J］．中共浙江省委党校学报，2012（3）：13-17．

[68] 何佳讯．中国品牌全球化：融合"中国元素"的品牌战略——"李宁"案例研究［J］．华东师范大学学报（哲学社会科学版），2013（4）：124-129，155-156．

[69] 苏勇，张明．试论品牌国际化的内涵及其标准［J］．市场营销导刊，2005（6）：52-54．

[70] 钱悦，于春玲，李飞，等．新兴市场品牌成功进入发达市场的双案例研究［J］．技术经济，2015（2）：119-129．

[71] 郭睿．我国企业在跨国营销中对文化差异的应对策略［J］．商业文化：学术版，2007（12）：93-94．

[72] 温铁军．解读苏南［M］．苏州：苏州大学出版社，2011．

[73] 邓新明．我国民营企业政治关联、多元化战略与公司绩效［J］．南开管理评论，2011（4）：4-15，68．

[74] 郭昭晖．董明珠的谜：格力的那套办法［M］．北京：中国财富出版社，2016．

[75] 胡劲松，朱明堂．维维集团与双沟酒业实现强强联合［N］．徐州日报，2007-01-21（A1）．

[76] 张风．维维集团拟斥资2亿在新疆建鲜奶厂［N］．消费日报，2008-11-24（A02）．

[77] 黄文．"维维"究竟想要做什么？［J］．中国品牌与防伪，2012（4）：62-63．

[78] 杨攀,马艳霞,何佳讯.基于目的的外资品牌并购本土品牌实证研究[J].湖北社会科学,2008(5):89-92.

[79] 张亦梅,任国春.守护我们的品牌家园:外企并购中中方企业品牌流失透析[J].企业文化,2003(8):62-64.

[80] 文青.外资并购中本土品牌流失及其对策分析[J].环渤海经济瞭望,2005(11):24-26.

[81] 罗剑.民族品牌流失原因及其对策[J].中国市场,2018(9):4.

[82] 顾平,宋如燚,江南.海澜之家"品牌+平台"的经营模式创新[J].企业管理,2016(9):64-67.

[83] 宋郑还.超越"微笑曲线",未来制高点是"用户关系"[N].苏州日报,2018-6-5(B03).

[84] 许红洲.好孩子集团从贴牌代工到走上自主品牌之路:"隐形冠军"走到前台[J].商业文化,2017(01):16-17.

[85] 司子强.服装企业品牌管理[M].苏州:苏州大学出版社,2008.

后　　记

十年前，当我的第一本专著《服装企业品牌管理》出版之后，我就一直在思考接下来的研究方向。然而，十年间由于日常生活的琐事缠身以及种种的不如意，一直没有动笔写作。直到2018年秋季，江苏省区域品牌经济的建设与发展研究有幸得到江苏省高校哲学社会科学基金的资助，再加上十年间积累起来的对一些相关问题的思考，才有了着手撰写第二本专著的念头。

科研工作总是枯燥而寂寞的，在这样的状态中要坚持下来并不容易。近两年的时间里，我边思考、边阅读、边调查、边写作，尽管有时还是会因为一些事情而中断，但所幸最终还是完成了既定的工作目标。最终的成果并不能完全让自己感到满意，但总算对当初的热情和决定有了一个粗浅马虎的交待，也将自己的研究兴趣延续和保留了下来。

十年间，我国的经济形势发生了显著的变化，由当时的高速增长状态渐渐步入中高速增长的"新常态"，再加上最近所发生的中美贸易摩擦，使得我国今后经济发展的形势更为严峻。十年前我在《服装企业品牌管理》一书中曾经提出服装企业应当创建并发展自己的品牌，现在看来这一观点非但没有过时，而且应当更加地扩大，即我国的各行各业都应该着力去发展和建设自主品牌，唯有这样才能有效地应对全球化的市场竞争和内需市场消费升级的挑战。

寒暑易节，春秋二度，两年的时间稍纵即逝，但其中的每一天每一时又都漫长而艰难。之所以能够坚持下来，这都离不开家人的支持和鼓励。我的妻子邓冲女士，不仅要处理自己的工作和日常家务，还要辅导儿子学习，一肩承担了许多的事情，尽心竭力地为我创造一个安静舒适的写作环境。当然，儿子也是聪明可爱，小小年纪就懂得自主学习，也让我们极为省心和放心。当然，还要感谢常熟理工学院的各位同仁和领导，是他们的勉励和帮助使我有信心和决心继续在科研的道路上奋力前行。诚然，鉴于水平所限，当前的研究仍然存在着许多问题和不足，还需要在日后的工作中不断改进、完善和补充。"书山有路勤为径，学海无涯苦作舟"，我将以此语句自勉，希望能在今后的学术研究中获得更多的乐趣和收获！

著　者
2018年12月28日于苏州阳澄湖畔